Det Korporativa Underlandet

En Resa genom Självinsikt och Företagskultur

Harri Hykkö

DET KORPORATIVA UNDERLANDET

En Resa genom Självinsikt och Företagskultur

Förlag: BoD · Books on Demand, Mannerheimintie 12 B,
00100 Helsingfors, Finland, bod@bod.fi
Tryck: Libri Plureos GmbH, Friedensallee 273, 22763
Hamburg, Tyskland

ISBN: 978-952-80-9592-7

Innehållsförteckning

Förord

Jag minns tydligt dagen när jag steg in på mitt nya arbetsplats, navigerande genom ett stort öppet kontorslandskap. Jag passerade förbi flyktiga arbetsstationer och kom till sist till min utsedda plats. Namnskylten på den föregående innevånaren "E Peos" prydde fortfarande väggen. Men det var resterna av den tidigare ägaren som lämnade ett bestående intryck; det var arbetsplatsens unika karaktär som etsades in i mitt minne. Till höger om min arbetsstation stod en hylla med fem tjocka volymer – referensmanualer för C, C++ och Perl, Bayesian Filtering and Smoothing, Avancerad Ingenjörsmatematik och Digital Design from 0 to 1. De väl använda böckerna bar spår av otaliga läsningar, deras sidor prydda med färgglada klistermärken som markerade olika intressanta punkter. Bredvid manualerna fångade en välanvänd kartongmapp min uppmärksamhet, vars baksida bar handskriven titel, "Det Korporativa Underlandet". Inom dess kapslar gömde sig företagsvärldens hemligheter och intriger, redo att utforskas. Under hyllan, på bordet, stod en duo av skärmar som stod som vakt, flankerade av ett standardtangentbord och en dator som surrade med potential. På vänster sida av bordet, troget Six Sigma-riktlinjerna, väntade en skrivblock med en svart, tjock anteckningsbok med vaxomslag. Bredvid låg en penna, suddgummi och en stilfull reservoarpenna i den avsedda pennhållaren. Allt var noggrant ordnat, ett vittnesbörd om den precision som förväntades i en sådan företagsmiljö. I det vänstra hörnet hängde en klädhängare med en grå Harri's Tweed-jacka, en välstrykt vit skjorta och en Guy Laroche-slips med paisleymönster – en tyst nick till professionalismen. På golvet stod klassiska svenska träskor i svart läder.

När jag precis skulle fördjupa mig i mysterierna inom "Det Korporativa Underlandet"-mappen, kom två figurer i säkerhetsuniformer in. Deras syfte blev tydligt när de snabbt demonterade arbetsstationen – böcker, dator, skärmar, tangentbord, mus, pennor och suddgummi – allt samlades in med rutinerad effektivitet. Instinktivt klamrade jag mig fast vid mappen mot mitt bröst, behandlande den som en skatt jag fruktade skulle glida mig ur händerna.

Säkerhetspersonalen, auktoritär men ändå artig, meddelade den kommande tiden för min introduktion – när jag skulle bekanta mig med företagets systemens intrikata detaljer. När de sedan lämnade, gömde jag snabbt mappen i min ryggsäck. Men deras återkomst, som om de ville säkerställa att inget föremål förbisågs, ledde till upptäckten av kläderna och träskorna. Även dessa togs bort snabbt, vilket lämnade mig med den bistra insikten att övergången till denna företagsmiljö inte bara handlade om att skaffa ny kunskap utan också att göra sig av med spåren från det förflutna, och göra plats för ett nytt kapitel i min yrkesresa. Och så välkomnades jag in i företagets veck, en nykomling som navigerade i de intrikata danserna av företagets ritualer och övergångar.

När jag begav mig ut för att bekanta mig med de närliggande arbetsstationerna, hälsade jag på kollegorna och sökte insikter om den mystiska föregångaren som en gång ockuperade den plats jag nu kallade min egen. Svaren var vaga, insvepta i en viss mystik som omgav den gåtfulla figuren.

När jag frågade om min föregångare kämpade mina kollegor med att ge konkreta detaljer, förutom en enhällig uppfattning om att han verkade nöjd med sina omständigheter. Minnena var suddiga, förvirrade av tidens gång. De kunde bara minnas en plötslig frånvaro av det karakteristiska ljudet från träskornas klampande i korridoren, vilket ledde dem att spekulera om att han antingen hade övergått till en annan roll inom företaget eller nådigt omfamnat pensioneringen, med tanke på hans ålder.

Nyfikenheten drev mig att avslöja lagren av denna gåtfulla figurs yrkesliv. Förvånansvärt nog var även de som arbetade nära honom osäkra på vilket specifikt team han tillhörde. Interaktioner med honom verkade begränsade till artiga utbyten, präglade av hövlighetsfraser som lämnade litet utrymme för substantiella samtal.

Dock, mitt i den oklarhet som omgav min företrädare, framträdde en enskild detalj – en detalj som kastade ljus över hans arv inom företaget. Det visade sig att under det årliga firandet för många år sedan hade en stund av offentlig erkännande tilldelats honom, vilket gjorde honom till en framstående person inom hela organisationen. Ändå hade detaljerna kring erkännandet bleknat från det kollektiva minnet.

Vågad att gräva djupare i det förflutna lärde jag mig att ämnet för detta extraordinära erkännande var studiet av "Kumulativ avrundningsfel i algoritmen." Detaljerna kring detta erkännande kan ha försvunnit från mångas minne, men jag hoppas att en noggrann dokumentation i mappen gav en glimt av en värld där precision, även i de minsta detaljerna, inte bara uppskattades utan också firades.

Hemma, nyfiken, drog jag försiktigt ut mappen ur min ryggsäck och märkte dess slitna kanter och det blekta bläcket på etiketten. Inuti fann jag en skattkista av minnen, tankar och dikter. Personliga utvärderingar, kryptiska memoarer och innerliga tankar fyllde sidorna. Det var som om jag hade snubblat över en gömd värld som erbjöd en glimt av kollegans hjärta och själ som jag aldrig hade känt.

Med varje bladning av sidan blev det uppenbart att dessa skrifter inte bara var klotter på papper; de var ett vittnesbörd om den djupgående resa som min företrädare hade gjort i denna företagsvärld. De berättade om hans drömmar, hans kamp och hans iakttagelser av den ständigt skiftande landskapet i affärsvärlden. Mest slående av allt var de handskrivna dikterna, var och en ett fönster till känslorna och reflektionerna hos en man som hade navigerat företagslabyrinten med både beslutsamhet och grace.

När jag läste igenom orden på dessa sidor kände jag ett växande ansvar. Det var som om min före detta kollegas andliga närvaro hade överlämnat till mig en arv av insikt, kreativitet och en unik synvinkel på företagslivet. Jag insåg att dessa skrifter förtjänade att delas, inte gömmas undan i en dammig mapp på en bokhylla eller värre, klipptes sönder för pappersinsamling.

Jag började förbereda publiceringen av dikterna och anteckningarna, denna berättelse som flöt sömlöst genom den djupa tankarna och erfarenheterna hos mannen som en gång hade detta kontor. Titeln "Det Korporativa Underlandet" verkade sammanfatta essensen av hans resa – genom uppgångar och nedgångar, framgångar och utmaningar, och den surrealistiska skönheten i företagslivet.

Detta förord, kära läsare, fungerar som en introduktion till dikterna och materialet jag hittade i mappen. Det är en hyllning till kollegan vars ord har inspirerat mig, och jag hoppas att de även kommer att inspirera dig. Och som jag förstod, har de innovationer som den här mannen utvecklade lagt grunden för hela det företag som nu är en av pionjärerna inom sitt område. Tillsammans ger vi oss ut på en resa genom den gåtfulla landskapet "Det Korporativa Underlandet", där det verkliga och surrealistiska sammanflätas, där drömmar föds och där människans anda består, även på de mest osannolika platserna.

Dikterna i denna samling är invecklade och går ofta in i komplexitetens och surrealismens riken. Syftet här är att erbjuda läsarna en guide, en karta, om man så vill, hur ett liv navigerar i de invecklade och illusionistiska miljöer som dessa dikter skapar.

Dessa bedömningar tjänar inte bara som en bro mellan läsaren och poetens avsikt utan också som ett sätt att belysa de olika betydelselagren som är inbäddade i verserna. Poesi är i grunden ett medium för självuttryck, och ibland kan språket och metaforerna som används vara gåtfulla. Genom att erbjuda insikter och tolkningar hoppas jag att avmystifiera några av komplexiteterna och avslöja skönheten i dessa verser. Beskrivning av dikternas miljö ger en glimt av skapelseögonblicket och förståelsen av dikterna, när de förvandlades från tankar till skriftlig form. Det är ett vittnesbörd om litteraturens inverkan och resonans, och därför känner jag att de behöver publiceras.

I en värld där den professionella identiteten ofta skuggar de personliga värderingarna, framträder "Det Korporativa Underlandet" som en gripande utforskning av människans villkor inom företagssfären. Denna berättelse fördjupar sig i den tragiska dubbelheten som moderna individer står inför, där de kämpar med inre oro samtidigt som de navigerar den krävande landskapet av sina professionella liv. När berättaren reflekterar över sina egna erfarenheter inom företaget, blir en djup känsla av främlingskap från kollegorna uppenbar, vilket speglar den kamp som många möter mellan personliga aspirationer och de obarmhärtiga kraven från deras karriärer. Företagsvärlden porträtteras ofta som en plats för framgång och uppfyllelse, som lovar en känsla av tillhörighet och syfte. Ändå döljer sig under denna polerade yta en hård verklighet präglad av konformitet, press och moraliska kompromisser. Berättarens känslor av främlingskap härstammar från en djupt rotad oförmåga att förena personliga värderingar med de etiskt tvivelaktiga praxis som är vanliga inom företaget. Denna inre konflikt tar en betydande psykologiskt pris och belyser en bredare samhällelig fråga: den utbredda alienationen och förlusten av autenticitet i den moderna världen.

När "Det Korporativa Underlandet" rullar ut blir det tydligt att strävan efter professionell framgång ofta kräver offer i form av personligt välbefinnande och emotionell koppling. Protagonistens resa genom företagslabyrinten fungerar som en kraftfull metafor för samtida livets komplexiteter, vilket belyser spänningen mellan individuella önskemål och samhällets förväntningar, samt kollisionen mellan personlig integritet och yrkesmässig ambition - en djup klyfta mellan förväntningarna på sökandet och upptäckten.

Läsarna uppmanas att konfrontera de etiska dilemman de kan ställas inför i sina egna liv och att reflektera över den sanna innebörden av framgång och uppfyllelse. Berättelsen utmanar idén att enbart professionella prestationer kan bringa lycka och föreslår istället att sann tillfredsställelse uppstår genom att förena sitt arbete med personliga värderingar och förfölja autentiska passioner.

Trots de dystopiska aspekterna av företagslivet som skildras i dikterna erbjuder "Det Korporativa Underlandet" en glimt av hopp och försoning. Den antyder att individer kan navigera företagsvärlden med integritet och hitta sätt att upprätthålla sina värderingar mitt i de professionella kraven. Berättelsen understryker vikten av att söka syfte utanför arbetet och betonar att uppfyllelse är möjlig när man förblir sann mot sig själv.

Företagsvärlden kan främja professionella kontakter, men verkliga vänskaper blomstrar ofta utanför kontoret. Arbetsmiljöer prioriterar effektivitet och måluppfyllelse, vilket lämnar mindre utrymme för informella band. Medan samarbete är avgörande kräver en hälsosam arbetsgrupp en balans av olika färdigheter, inte en hierarki av överlägsna och underordnade förmågor.

I "Det Korporativa Underlandet" navigerar berättaren en miljö där professionella interaktioner noggrant kalibreras och ofta är ytliga. Den strikta strukturen i företagsmiljön, med dess fokus på produktivitet och resultat, lämnar liten plats för organisk utveckling av äkta vänskap. Medan kollegor kan dela stunder av kamratskap är dessa interaktioner ofta överskuggade av det obarmhärtiga trycket att uppfylla mål och leverera resultat.

Berättelsen utforskar paradoxen i företagslivet, där individer förväntas fungera som sammanhållna enheter samtidigt som de tävlar om erkännande och avancemang. Denna dynamik skapar en atmosfär av försiktighet där äkta emotionella band är sällsynta. Berättarens erfarenhet understryker svårigheten att forma autentiska relationer i en miljö där varje interaktion präglas av trycket från professionella förväntningar.

De teman som utforskas i "Det Korporativa Underlandet" resoneras djupt med dem som är bekanta med Hermann Hesses existentiella reflektioner i "Steppenwolf" och den kosmiska förtvivlan i Harry Martinsons "Aniara". Dessa litterära influenser, kombinerat med den känslomässiga kraften i musik, berikar berättelsen och erbjuder en djupare förståelse för protagonistens resa och den bredare mänskliga erfarenheten.

Slutligen är "Det Korporativa Underlandet" ett vittnesbörd om människans själens uthållighet. Den uppmanar läsarna att reflektera över sina egna liv, att utmana status quo och att söka en balans mellan professionell framgång och personlig autenticitet. Genom sin fängslande berättelse inspirerar dikterna en resa mot hopp, integritet och genuin uppfyllelse.

Det är viktigt att erkänna att poesi inte begränsas till orden på sidan. Sammanhanget där en dikt föds, känslorna, erfarenheterna och inspirationerna som driver den, är avgörande för att förstå verket. Därför har jag försökt beskriva miljön vid skapandet av dessa dikter, strävat efter att ge insikter om det sammanhang där dessa dikter skapades, vilket ger dig en djupare förståelse för poetens resa och de inflytelser som formade dessa verser.

I slutändan handlar denna samling inte bara om att läsa dikterna; det är en inbjudan att fördjupa sig i poesins värld. Det är en resa in i känslornas, intellektets och fantasins riken. Jag uppmanar dig att utforska dessa dikter med ett öppet hjärta och en nyfiken sinne, och låt din fantasi och sammanhanget belysa vägen när du vandrar genom den förtrollande landskapet av ord och känslor som väntar dig.

1. Vilse i det Korporativa Labyrinten

Berättarens inledande tankar om att vara annorlunda
Musikförslag: "On the Nature of Daylight" av Max Richter

Mitt i det korporativa kaosets brus, jag debuggar min fil,
Förlorad i algoritmers spår, där KPI:er styr min profil.
Med en digital latte i hand, och API:er på min rad,
Är jag bara en scriptad modul, i deras ständiga trade-off-kvad?

I surrealistiska dashboards, känner jag mig ur sync,
När kollegor pivotar till Excel-ark, snabbare än man kan blinka, ett blink.
En AI med data-driven magi passerar i en sprint,
Med en KPI-graf som slips, jagar den molntjänster i sin vind.

Är jag den buggen, den disruptiva kraft de söker?
I API:ernas ocean, där visioner ofta släcker.
Jag vill refaktorisera, bryta koden av konformitet,
Men variabler blir till siffror, och jag fastnar i min enhet.

Genom AI-drivena korridorer, jag kodar och skapar flow,
I detta Digitala Underland, söker jag nya features att deploy.
Att sticka ut i ett landskap av KPI:er och sprintar på rad,
I den surrealistiska världen av startups och SaaS med fasad.

Mina fotsteg pingar i en loop av datapaket,
Varje algoritmisk rad bygger min startup-idé så komplett.
I denna digitala labyrint, där dashboards regerar,
Söker jag min egen path, där koden självständigt kreerar.

Bland Excel-ark och pivottabeller hittar jag min zon,
Där AI-driven analys ger siffrorna sin ton.
Men jag vill vara mer än en datapunkt i flödet,
Sätta min signatur i den korporativa koden, inte bara i stödet.

I den surrealistiska världen av KPI:er och tech, växer jag,
Där innovation och skalbarhet förenas med mitt "jag."
Jag jagar den svårfångade balansen mellan profit och själ,
I Affärernas Underland, där strategier rullas ut som en kodbas
i detalj så skäl.

Så jag vandrar vidare, genom den digitala dimman,
I jakten på framgång på otaliga sätt, i hela bråten.
Att sticka ut, att göra skillnad, det verkar så,
I den surrealistiska världen av korporativa drömmar, där jag
nu går.

2. Jakten på Digital Särprägel

Berättarens inledande tankar om att vara annorlunda
Musikförslag: "Uprising" av Muse

I Biztopias neonljus, där data styr,
Och vinster klättrar, som kedjor så dyr,
Påbörjar jag en resa, surrealistisk och svår,
Drivkraften är korporativ iver, och mycket står på spel.

Byggnader förvandlas, en PowerPoint-parad,
Deras fönster pixlar, där statistik blir klar och rad.
Jag funderar mitt i denna digitala vrå,
Om dagar styrda av data och vinster som rå.

"En blockchain är jag," mina tankar slår rot,
"I denna traditionens hav, är min berättelse något stort."
Jag funderar bland kostymer, med ansikten som koder,
Som byter NFT-handslag i digitala hallar och trender.

En holografisk skyskrapa, brinnande av begär,
Stavar "disruption" i lågor, med innovation som är.
I CRM-programvaran, framtiden verkar klar,
I denna surrealistiska stad, där dag och natt är spar.

I denna värld, söker jag att vara unik,
En algoritmisk avvikelse, annorlunda men smidig och rik.
Men tankar skiftar snabbt, som bin i en kupa,
Surrar med effektivitet, en digital strävan strupa.

Jag vågar vidare, med mod som ingen förmår,

Genom landskap av vinster, där berättelser ännu ej når.
I denna värld där kapitalismen surrealistiskt styr,
Strävar jag att störa, att bryta varje kedja, strypt och dyr.

Genom landskap av vinster, där kapitalismen rår,
Vår protagonist vandrar, med mod som aldrig sår.
Med berättelser djärva och syften så djupt,
Utmanar de normerna, att varje kedja uppbryt.

I styrelserum med kostymer, där marginaler tar fart,
Förespråkar han etiken med passion och fart.
Att omdefiniera framgång, bortom monetär vinning,
I värderingar och etik lämnar han ett varaktigt skinn.

Genom utmaningar i mängd, han går vidare,
Med en vision om en företagsvärld som styrs bättre.
I denna surrealistiska värld där ideal ska råda,
Han är fast beslutna att störa och bryta varje boja.

3. Gåtan om företagsidentiteten

Berättarens frågor om varför han är annorlunda
Musikförslag: "Orinoco Flow" av Enya

I DataCorp Tower, där hologram blänker klart,
En dröm så märklig, en surrealistisk start,
Mitt sinne utforskar, i detta sken,
En företagsvärld, stram i sin kedja så len.

Väggar förvandlas, en förstärkt mask,
Från virtuella riken till drömmarnas ask.
I denna labyrint av företagsdimma,
Brinner frågor om jaget, mitt sinne i stimma.

"Varför vandrar jag, en ensam själ,
Medan andra följer företagsglädj?"
Jag funderar bland streckkodens transer,
Ledare i datas dansande stanser.

En VR-tiger, en skapelse av kod,
I binär kostym, genom korridoren den lod,
Reciterar marknadstrender, poetiskt som en dröm,
På ett språk som flödar som vårström

Bland blockkedjans gåtors banor jag går,
Efter en unik dröm mitt hjärta slår,
Men tankar skiftar snabbt, datas kaskad,
Genom förutsägande gångar, mitt sinne förvad.

I denna värld av företagsprat,

Vandrar jag vidare, med eget krat.
Där ROI är det kära ord,
Söker jag min egen snåriga kord.

Jag dyker djupt i buzzword-havet och skatten,
Där värdepropositioner och mål smyger på natten.
Genom kvartalens dimma och balansräkningens dis,
Söker jag äkthet i företagskurrensens kris.

4. Pixelated Klagan

Berättarens känslor av alienation och isolering
Musikförslag: "Digital Love" av Daft Punk

I TechnoMetropolis, där pixlar blänker,
En saga växer fram, en dröm som sänker.
Mina tankar göms i skuggornas värld,
I en isolerad värld, där jag tyst glider i gärd.

På pixelkaféer där AI brygger sitt kaffe,
Dansar känslor till jargongens lätta maffe.
"Varför är jag en API, utan integrationens nåd,
I ett nätverk av avatarer, förlorad i digitalens åd?"

Jag funderar bland kollegor, nu robotar så kalla,
Automationens famn, mina berättelser faller.
En neonskylt ovanför, i kod den skröt,
"Anslutning Förlorad," en digital spök flöt.

I denna förvirrande värld längtar jag efter himlens vy,
För att bryta loss från algoritmer där personor fry.
Att vara en som bryter mönster, att se klyftan så djup,
I en värld av masker, där min sanna själ släpper ur klyv.

Jag fortsätter min resa, en ensam strid,
I en värld av blockchain-tillit, ska jag bli frid.
Att återkoppla på mänskligt vis, mitt mål är klart,
I "Pixelated Klagan", ska jag bryta frihetens fart.

5. Enhörningens Ensamhet

Berättarens känsla av att inte höra hemma någonstans
Musikförslag: "Unfinished Sympathy" av Massive Attack

I Silicon Citadels labyrintiska gång,
En saga vecklar ut sig, en surrealistisk sång.
Mitt sinne, en fördjupande dyk,
En utomståendes kamp, i teknikens rike och tryck.

Holografiska enhörningar glider med elegans,
Drönare serverar IPO:er, en imponerande dans.
Men jag kämpar med ett inre kval,
I teknikens värld, en frånkoppling är total.

En dörr i VR, märkt "Tillhörighet" stod,
Låst bakom konformitet, så som jag förstod.
I denna förvirrande värld, söker jag min nyckel,
Att dekryptera ensamheten, att min själ befriande vackel.

Att störa paradigmet, att hitta min egen stig,
Bland startup-enhörningar, där äkthet kan bli fri.
Men när jag överbryggar den digitala avgrundens flod,
Förvandlas ord till kod, i det virtuella havets mod.

Jag vågar mig in i teknikens samhälles rymd,
Söker min plats, en historia som är undangömd.
I ett landskap av innovation, där känslor tar fart,
"Enhörningens Ensamhet," min resa in i nattens start.

6. Krypteringen av Anslutning

Berättarens svårighet att knyta till andra
Musikförslag: "Us" av James Bay och Alicia Keys

I Biztopias kretsar, där linjer sig flätar,
En berättelse om anslutning mitt hjärta skapar.
I en värld där jargong var det gemensamma språket,
Började min sökan efter gemenskapen den djupet.

Vid holografiska event, avatarer samlas där,
Deras språk är memes, en surrealistisk atmosfär.
Men mitt i synergiska samtal, mitt rop och begär,
Var att överbrygga klyftan och verkligen närma oss här.

"Varför vacklar min bandbredd i denna kodade sfär,
Bland samtal i detta digitala kapplöpningspar?"
Jag grubblade, medan kollegor smälte samman så,
M&A-avtal med chattbottar, en surrealistisk teknoshow.

En AI-duva med olivkvist, pixelerad och klar,
Symboliserar enhet i detta digitala havets svar.
Ändå, frånkopplingen bestod, en brandvägg att bryta,
För att krossa isolering, för mänsklighetens nytända skyte.

Mina ord blev krypterade, förlorade i ljudets sus,
Av virtuellt brus, där anslutningar gled som grus.
Men oförtröttlig, fortsatte jag, målet för mig klart,
Att öppna mänskliga band, i detta digitala landskap så svart.

7. Unikhetens Nod

Berättarens känsla av att vara annorlunda än alla andra
Musikförslag: "Spirits" av The Strumbellas

I holografiska samtal, där avatarer fördjupar sig djupt,
Diskuterar de strategier, i ett digitalt universums myt.
Men jag känner mig distinkt, i detta märkliga rum,
En nod decentraliserad, i det kollektivas glans och sum.

"Varför är jag avvikaren, decentraliserad och fri,
I ett nätverk av centraliserat tänkandets bi"
När kollegor smälter samman, i AI:s medvetandeström,
PowerPoint-presentationer, normen i denna ångest dröm.

En neonljus ovan, i ett språk så unikt,
Stavar "Innovation," i nollor och ettor, så kvickt.
I detta förunderliga rike, söker jag att störa,
Status quo:s grepp, unikheten ska jag uppföra.

Men tankar förvandlas, som krypterade strömmar,
I surrealistiska kretsar, i digitala drömmars drömmar.
Genom tech landskap vandrar jag, protagonisten djärv,
På jakt efter min plats, där berättelser flätas och vävts av.

I denna transformationsvärld, där digitala rytmer dansar,
Strävar jag efter att stå ut, att ta en chans.
Att omfamna individualitet, i ett landskap så vidsträckt,
"Unikhetens Nod," min resa, min kraft och verklighet.

8. Sökandet efter Tillhörighet

Längtan efter en plats där han känner sig accepterad
Musikförslag: "Lean On Me" av Bill Withers

I Korporativa Collectives holografiska famn,
Utspelas en berättelse i detta surrealistiska land.
Min resa, i en värld jag vandrar om och om,
Sökandes efter en plats att kalla mitt hem.

I samarbetsutrymmen, kollegor tar sin roll,
Förvandlas till personligheter, data-driven och full.
Jag längtade efter acceptansens ro,
En plats där jag kunde blomstra, i denna komplexa tro.

Ett neonljus ovan, med bokstäver så klara,
Stavar "Inkludering," i blockkedjans varma skara.
I denna märkliga värld, sökte jag nyckeln fri,
För att låsa upp acceptansen, där jag verkligen kan bli.

För att störa konformitet, normer jag böjer,
I en värld av trender, står jag som vän och stödjer.
Men orden förändras, som kod i virvelns gång,
I ett surrealistiskt nätverk, där mina tankar sång.

Protagonisten vandrade, med syfte och stolthet klar,
I denna affärsvärld, där rösterna är många och snar.
Söker min plats, i mångfaldens domän,
"Sökandet efter Tillhörighet," min resas refräng.

9. Genom Teknovärlden

Berättarens rädsla för att vara ensam
Musikförslag: "Connection" av Elastica

Genom technoscape färdades jag, att besegra rädsla, fly från kedjornas tvång, av isoleringens hägn.

I ett landskap som sjunger samarbetets sång, Kämpade jag mot digital ensamhet, fann där jag verkligen hör hemma.

I ett landskap som talar om samarbete och sång,
Strider jag mot digital ensamhet, söker var jag hör hemma någonstans.

Mitt i virtuella möten och pixlar som blänker,
Sökte jag efter essensen, där samhörighet stänker.

I ett landskap som talar om samarbete och sång,
Strider jag mot digital ensamhet, söker var jag hör hemma någonstans.

I en digital värld, där förbindelser kan gå så fel,
Upptäckte jag magin av där jag verkligen hör till, i min själ.

10. Strävan efter Förbindelse

Berättarens hopp om att finna en känsla av gemenskap
Musikförslag: "Somewhere Only We Know" av Keane

I Marketopias megastad, vid och klar,
Utspelar sig en saga bland holografiskt var.
Min resa, surrealistisk och vid,
Mot gemenskap, där hjärtan skulle glida med frid.

På torg med hologram, där avatarer är täta,
För TED Talks och blockkedja, där kunskap var het.
Jag drömde om en stam, ett släkte så fin,
En plats där jag skulle finna samhörighet inom mig in.

"Kan jag vara gnistan, så ljus och stark,
Som i fragmenterade band enar vår ark?"
Jag undrade och funderade i denna digitala värld,
Där kollegor smälte samman i visioner, som en gränslös pärl.

Mitt i virtuella möten och digital flod,
Sökte jag att överbrygga klyftor, överallt och fort.
I en värld där skärmar ofta höll mig isär,
Längtade jag efter värmen av ett mänskligt hjärta så kär.

Min resa var ett bevis på hoppets gnista,
I en värld av skärmar, sökte jag förbindelse som brista.
I denna berättelsebok, min narrativs affektion,
"Strävan efter Förbindelse," en innerlig collection.

11. Strävan efter Acceptans i Technotopia

Berättarens rädsla för att bli dömd eller missförstådd
Musikförslag: "Acceptance Speech" av Dance Gavin Dance

En neonskylt i binärens dans,
Stavade "Acceptans" med chans,
Flimrade, vacklade, och dansade i glans,
Ledde drömmar, mitt hjärta gav sig chansen.

I detta förbryllande, kryptiska land,
Missförstådd av den binära band,
Fruktade jag etiketten, domen så kall,
Störande, inte vad jag planerat alls.

När rädslan grep, krypterad och kall,
Mina ord i datasjön skrev sin pall,
Förlorad i virtuella tidvatten, jag fick höra,
Acceptans söktes, men vägen var ej rätt så klar.

Genom detta tekniska landskap jag vadade,
Bestämdhet som aldrig bleknade,
Sökte acceptans, orädd och stor,
Där innovationens språk var dörren som vi trodde.

12. Ekona i den Digitala Citadellet

Berättarens rädsla för att bli övergiven
Musikförslag: "Breathe" av Télépopmusik

I algoritmers korridorer, där koden är sträng,
I det Digitala Citadellet, där datan gör sväng.
Min resa fortsatte, med debugg i min hand,
Buggrapporternas skugga, i en krashad serverland.

I en virtuell marknadsplats, där data var guldet klart,
Kollegor bytte ivrigt, i denna värld, jag var smart.
Jag stod där, något uppgiven i min sinnesklen,
Som sammanslagning av bottar lämnade mig kvar, ensam i min egen lén.

"Varför, varför, arvet i en värld så snabbt,"
Kontinuerliga uppdateringar i detta digitala kraft?"
Jag funderade högt, med ett hjärta fyllt av kamp,
Medan kollegorna rörde sig framåt i livets takt.

Lojalitet mätt av prenumerationer, så jag fann,
I en innovationsvärld, där förändring ständigt rann.
En holografisk klocka, med obeveklig klang,
Symboliserade tidens gång, i detta paradigm så vrang.

13. Ekona i Neonlabyrinten

Berättarens rädsla för att vara ensam
Musikförslag: "Blade Runner 2049 - Main Theme" av Hans Zimmer

I neonbelysta korridorer, en berättelse får twist,
Företagsmetropol, där surrealistiska världar finns visst.
Min resa, en hemsökt refräng,
Rädsla för övergivenhet, i affärsjargongens stäng.

I ett holografiskt styrelserum, avatarer samlas här,
Affärer görs med handslag, i en scen så fjärr.
Jag blev lämnad kvar, funderade jag tungt,
I en värld av innovation, där förändring ständigt språngt.

"Varför är jag en gammal protokoll i denna vilda jakt?
Skalbarhet och framsteg, för varje makt?"
Jag frågade världen, medan uppgraderingarna bestod,
Lojalitet mättes i sprintar, i denna företagsamhetens brodd.

Ovanför mig, ett timglas, dess sand rinner fort,
Symboliserar framsteg, i denna obevekliga ort.
Jag fruktade föråldring, att blekna i spelets gång,
Medan den digitala världen gick vidare, med en känsla så trång.

14. Jakten på Datans Djupaste Mening

Berättarens sökande efter mening och förståelse
Musikförslag: "Digital Renegade" av I See Stars

I Datastream Stadens eteriska famn,
En surrealistisk resa börjar, en jakt utan namn.
Jag söker visdom i jargongens sken,
I förståelsens djup, där kunskap bor än.

I en virtuell agora, dialoger får fart,
Djupinlärningssymposier, med AI:s konstverk smart.
Förståelse är mitt mål, en omättlig önskan,
I detta sammanlänkade hav, där data ger upplysningens känslan.

"Varför är jag en utliggare, i detta stora ensemble?
Sammanlänkad data, i en grandios balett så gamle."
Jag funderar på världen, min törst tar aldrig slut,
I denna jakt på upplysning, där data sin väg brut.

En holografisk orakel, viskar djupt,
"Kaskader av upplysning," i datans mystik som strypt.
Att avkoda existensen, mitt syfte jag fann,
Störa förvirringen, med en kunskapstörstande man.

15. Jakten på Digital Upplysning

Berättarens känsla av att vara en utomstående
Musikförslag: "O Magnum Mysterium" av Morten Lauridsen

I en virtuell agora, avatarer samtalar glatt,
Djupinlärningens dialoger, en digital flykt så platt.
Min törst efter visdom, en omättlig brand,
I detta hav av data, där insikter land.

"Varför är jag en utliggare i detta datahav så stort?
Sammanlänkade, de flyter, som en symfoni utan ort."
Jag funderar på existens, i denna värld jag utforskar,
I jakten på upplysning, där data flödar och forsar.

En holografisk orakel, viskar om djup och stor,
"Upplysning kaskaderar," i dataströmmar som slår.
Att avkoda existensen, min jakt skall föras,
Stör förvirring i denna data-värld, som inte skall röras.

Ord blir till nätverk, i datans intrikata förklädnad,
En jakt på djup mening, där insikt möter visdoms armad.
Genom surrealistisk teknosfär, min resa full av slit,
Låser upp universums visdom, en jakt så ljuv och vit.

Siffror och koder, i en digital dans,
I dataexpansens vidsträckthet, jag tar min chans.
Men i "Binära Ekon," min jakt står klar,
Att finna djup mening, att få visionen att bli sann.

16. Sökandet efter digital tillhörighet

Berättarens längtan efter att höra till
Musikförslag: "Home" av Explosions in the Sky

I Cyberopolis, dataströmmar dansar sin dans,
En surrealistisk resa börjar, i en mystisk trans.
Jag söker gemenskap, i jargongens sken,
I de skiftande datavågor, där jag vill vara en.

På holografiska marknaden, mätvärden flätas samman,
Känslor och synergier i ett digitalt sammanhang.
Min längtan efter hem, en avlägsen stjärnas ljus,
I detta ekosystem, där kopplingar jag söker i brus.

"Varför algoritmen vilse i detta samarbets hav?
Neurala nätverk förenas, men vad om mig blev av?"
Jag funderar i tystnad, i denna värld så stor,
Sökande äkta band, i denna digitala mor.

I "Jakten på Gemenskap," min resa tog fart,
I en värld av mångfald, både dag och natt.
Bland röster som krockar, och idéer som sprakar,
Sökte jag en koppling, där omtanke smakar.

17. Rädslan för Digital Avvisning

Berättarens rädsla för att bli avvisad
Musikförslag: "Requiem for a Dream" av Clint Mansell

I kretsarna av Silicon Synapse Citys stora vidder,
En surrealistisk resa börjar, i dansens koder.
Jag brottas med avvisningens mörka skepnad,
I teknikens labyrint, där skuggor flyr i rädsla.

Jag funderar i tystnad, medan trender tar sin toll,
Min lojalitet mätt i uppdateringens kalla kontroll.
En holografisk "Avvisad" blinkar hotfullt där borta,
Symboliserar exkludering, i digitala rumens rymd så korta.

Rädslan för avslag, att bidrag förkastas,
Märkt som irrelevant, en obeveklig kastas.
Mina ord till kod, föråldrade och raderade,
I datans surrealistiska avgrund, är min resa bevarad.

I "Jakten på Acceptans," min resa tar fart,
Mitt bland pixlar och data, där berättelser tar sitt art.
Jag strävar att bli sedd, inte bara data som lagras,
I affärsvärldens annaler, där drömmar av mig jagas.

Med mod och kraft går jag vidare mot det som sker,
I "Sökandet efter Acceptans" väver, det är mer än jag ber.
I en värld av algoritmer, där måttstockar styr,
Ska jag skapa mitt utrymme, med beslutsamhet som lyser.

18. Sökandet efter Självacceptans i Bizmorphic Metropolis

Berättarens kamp att acceptera sig själv
Musikförslag: "Clash" av Caravan Palace

I Bizmorphic Metropolis, surreal och stor,
Min odyssé börjar, i detta komplexa spår.
En djup kamp, en strävan jag måste möta,
Inramad i affärsjargongens täta knöta.

I en holografisk kammare, självinsiktens dekret,
Strategier för varumärke, en förvirrande get.
"Varför denna vändning i min berättelse så djup?
Mellan förnyelse och jag, hemligheter att ruva upp?"

Jag begrundar paradoxen, en dubbel naturs dans,
Yrke och personligt, i livets omfamningskrans.
LinkedIn-godkännanden, ett mått så brett,
I neonskenet där identitetens skuggor lätt gömts rätt.

I denna förvirrande värld söker jag den stora nyckeln,
För att låsa upp mitt sanna jag, där själen är spegeln.
Impostorsyndromets illusion, jag vill rubba,
I en värld där sårbarhet sällan bubba.

Jag fortsätter, i denna sagans landskap,
Upptäcker mitt sanna jag, i sökandets knap.
I en värld av framgång, där talen var många,
Fann jag att självacceptans var det sanna, så varma.

19. Förnekandet av Data i TechnoHealth Nexus

Berättarens initiala förnekelse av sin sjukdom
Musikförslag: "The Great Gig in the Sky" av Pink Floyd

I datatunnlarnas labyrint min berättelse växer,
I TechnoHealth Nexus, där verkligheten böjs och böckes.
Min surrealistiska resa börjar, förnekelse i dess kärna,
I affärsjargongens grepp, en utmaning att lära.

Inom en virtuell vård, där avatarer spelar sin roll,
Utbyter hälso-metriker, en diagnostisk kontroll.
Jag klamrar fast vid tanken, sjukdom jag ska slå,
Motstår datadrivna sanningar, i förnekelse jag står.

"Varför brandvägg mot metrik, för att avvisa hälsa så,
I denna diagnosernas värld, vad kan vara på rå?"
Jag undrar bland kollegor, som omfamnar hälsans spår,
Realtidsanalyser, på vilka deras välmående beror.

Förebyggande screeningar, ett tveeggat svärd,
Överdiagnostik viskar, frågor lämnas ofärd.
Specificitet och känslighet, dansar i den kliniska sagan,
Balansgång på certainties skala, hälsa avslöjas i daggan.

20. Uppvaknandet i HealthTech Haven

Berättarens gradvisa acceptans av sin sjukdom
Musikförslag: "Transcendence" av Lindsey Stirling

I HealthTech Havens korridorer, min berättelse börjar gå,
En minnesvärd resa, där acceptans kommer så små.
Med förståelse för sjukdom, en insikt som vanns,
I affärsjargongens grepp, en förändring som landats.

På wellnessmässan, där avatarer sin data byter,
Hälsohistorik och värden, ett landskap som skiftar.
Mitt motstånd började sakta försvinna,
Förståelsen växte, en ny väg att finna.

En holografisk Fenix, reser sig i datas dans,
Symboliserar pånyttfödelse, i välbefinnandets glans.
Dechiffrerar sjukdomstecken, jag omfamnade det verkliga,
Erkännande sårbarhet, en kraftfull och verklig sträcka.

Med strategiska svängar och justerade prognoser som bas,
Uthärdade jag marknadens svängningar, en tydlig väg att tas.
I företagsvärlden, där hälsoteknikaktier tog fart,
Skrev jag min framgångssaga, synlig för alla, med stolthet i
start.

21. Sökandet efter Trygghet i MedTech Metropolis

Berättarens rädslor och bekymmer över sin sjukdom
Musikförslag: Starless av King Crimson

Bland riskbedömningar och marknadsvärdering så skarp,
Navigerade jag hälsovården, med disciplin och kraft.
I denna MedTech-värld, där regelefterlevnad ropade,
Sökte jag trygghet, en hälsans mur mot det hotade.

Genom policyändringar och regleringars dans så brett,
Försäkrade jag patienters tillit, steg för steg rätt.
I denna företagsvärld, där hälsostandarder står,
Byggde jag ett arv, skyddande mot varje hälsosår.

Med hälsovårdsstrategier och tillväxtmål i linje,
Skapade jag en väg genom industrin, klar och fin.
I detta fantasifull landskap, där innovation var allt,
Säkrade jag trygghet, MedTechs protokoll, som vår livsbalk.

Vår protagonist steg fram, med introspektion som guide,
För att möta sina djupaste rädslor, på denna AIs tide.
I en värld av förebyggande, där hälsans komplexitet fascinerar,
Skulle "Sökandet efter Trygghet i MedTech Metropolis" regera.

22. Drömmar i HealthInnovate Utopias Hallar

Berättarens hopp och drömmar för framtiden
Musikförslag: "Arrival of the Birds" av The Cinematic Orchestra

"Varför inte vara den som förändrar den här berättelsens tråd,
Skapa ett ekosystem för välmående," var min råd,
En framtid där hälsa är mer än bara siffror och sken,
Där KPI:er och välmående smälter samman till ett enhetligt
sken."

Mina ord blev strömmar av visionär nåd,
Som målade en framtid, en ljusare hälsovåg.
I detta landskap av välmående, där aspirationer växte stort,
"Drömmar i HealthInnovate Utopias Hallar" jag lovade att hålla
kort.

Med flit och mått, jag följde min vision,
Balanserade resultatet med patientvårdens precision.
I denna företagsvärld, där ROI skulle skördas brant,
Upptäckte jag att drömmar kunde driva framgång, även när
bergen var skarpa och sant.

23. Tåget av kryptisk visdom

Berättarens förvirring och desorientering
Musikförslag: "Mind Heist" av Zack Hemsey

"Välkommen till Visdomens Tåg," konduktörens ord lät höra,
I ekon av godkännanden, en surrealistisk röra.

Min plats, levande aktiekurser, men siffrorna dansade så snabbt,
Kryptiska hieroglyfer framträdde, Drömvärlds smak så kraft.
Utanför, ett kalkyllandskap, oändliga rader vecklades ut,
En overklighet datavision, en virvelstorm utan slut.

Men jag fortsatte framåt, genom aktiemarknadens ebb och flod,
Strategiskt manövrerande i affärslivet, där komplexiteten stod.
I denna företagsvärld där utmaningar kom och gick,
Förstod jag att klarhet och vision kunde vara kraftfullt när det såg mörkt ut.

Min resa lärde mig att affärsvärlden inte bara handlar om siffror och trender,
Men också om passion och vision hos ledare som kan skapa de stora divender.

24. Företagslabyrintens Express

Berättarens sökande efter mening och förståelse
Musikförslag: "Money" av Pink Floyd

Mitt i företagens labyrintiska spår,
En berättelse tar form, där mening svävar kvar.
Ombord en skiftande vagn, styrelserum förklätt,
Där PowerPoint-presentationer som brutna band är tätt.

"Varför är jag en avvikare i synergins dans så svår,
Förlorad i kaoset av modeord, i företagens stora spår?"
De undrade bland passagerare, i dataflödenas svall,
Kvantifierande varje tanke, i KPI:ernas hall.

Från tågets tak steg ett orakel, holografiskt och skarpt,
Stapeldiagram och trendlinjer, i dess röst klart och rappt.
"Optimering" talade det, och "Värdeskapande" stort,
I detta företags-pussel, de försökte finna rot.

Mitt i detta företagskonundrum, de sökte bryta magins band,
För att finna sann förståelse i siffrornas väldiga land.
I en värld där data regerade, där visdom var en nåd så rar,
Ombord på Företagslabyrintens Express, sökte de en annan far.

25. Den Enigmatisk Expressen i Data Drömlandet

Berättarens möten med andra människor
Musikförslag: "Money for Nothing" av Dire Straits

I Data Drömlandets djup, företags tåget gled,
En berättelse om möten, där jargongens våg sig spred.
Hen med börsticker, hennes ansikte som marknadens spel,
Talande i grafer och koder, hennes värld, en digital skräll.

"Låt oss utnyttja synergier," sa hon, med ögon som
tårtdiagram,
I denna absurditet vagn, där vinsten slog sin brand.
Längre ner satt en kontorsskrivare-man, med kalkylblad i sitt
sinne,
Maximerande avkastning, hans slips som vattenfalls tråd fin.

Konsulter i holografisk form, brainstormade i det fria,
Flödesscheman fyllde rummet, skapade en energifylld aria.
"Våra insikter är handlingsbara," de sjöng med ett flin,
I denna värld av mått och tal, där min resa började in.

Jag navigerade genom jargongen, IPO:erna och M&A:erna,
Men under marknadens rörelser, sökte jag mer än bara en era.
I denna företagsgåtans famn, där vinsten ofta är synlig,
Längtade jag efter djupare insikter, där själen kunde bli synlig.

26. Reliken från Data Drömlandet

Berättarens upptäckt av den gamla fabriken
Musikförslag: "Clockwork Angels" av Rush

Genom digital vildmark, gled tåget snabbt förbi,
I Data Drömlandets landskap, där jargongen är på fri.
Men i utkanterna stod en fabrik, gammal och spöklik den var,
En relik från en svunnen tid, där allt var mer uppenbar.

"Legacy Manufacturing Co.," skylten sa med en glitchig ton,
I denna omedvetna miljö, fri från det digitala fängselns zon.
Maskiner, skrivbord, skrivmaskiner, alla täckta av en slöja,
En plats oberörd av affärsjargong, där äkthet får vila i sin höja.

I denna omedvetna fabrik, fann förståelsen sin grund,
Värdet av mänsklig kontakt i jordens vidsträckta sund.
Mina ord blev till bokstäver, uttryckande en nyfunnen nåd,
Balanserande affärseffektiviteten med den gamla världens
varma tråd.

Resan förvandlades nu, som tåg och fabrik flätades samman,
I "Reliken från Data Drömlandet," en läxa för hela samman.
I denna förening av effektivitet och mänsklig beröring så stor,
Fann jag nyckeln till harmoni, där innovation kan blomstra i
vår.

27. Fabriken av Ekande Surr

Berättarens första intryck av fabriken
Musikförslag: "In the Hall of the Mountain King" av E Grieg

I Data Drömlandets skymning, ett overklighet ställe att se,
Fabriken av Ekande Surr, en syn för alla att se.
Dess krom och glas skimrade, med holografisk grace,
En struktur enorm och innovativ, i ett mystiskt rum på plats.

Ingången lockade framåt, med sammankopplade kugghjul,
En värld av ständiga framsteg, innovation i ett hjul.
"Varför är jag betatestaren?" jag undrade med en eld,
I detta land av ambitioner, där innovationen höll fält.

Robotar dansade i harmoni, orkestrerade med precision,
En fängslande föreställning, som gav en kreativ vision.
En neonskylt ovan dem, "Produktivitet" den lyste,
I skenet av siffror, där idéer föddes och lyste.

I denna absurda miljö, där framsteg hade sin makt,
Mina ord förändrades, för att låsa upp fabrikens sak.
Jag vandrade vidare med syfte, för att avslöja varje vrå,
I en värld av innovation, där resor oss kan nå.

Fabrikens hjärta viskade, om drömmar och mänsklig hand,
I denna innovationens värld, där framsteg sträcker hand.
Att balansera effektivitet med empatis kram,
En formel för harmoni, där alla kan finna sitt ram.

28. Labyrinten av Virvlande Illusioner

Berättarens känsla av förvirring och desorientering
Musikförslag: "The Hall of Mirrors" av Kraftwerk

"Inom Fabriken av Ekande Surr, en labyrint stor och fin,
Min resa snodde sig fram, i en värld så asinine.
Holografiska diagram svävade, en evig slinga stark,
Rullband fyllda av kaos, en visuell storm så stark."

"Är jag en felkod?" frågade jag, mitt i illusionernas dans,
I denna kaskad av datans flöde, över landets glans.
Skyltar pekade åt alla håll, varje stig med olika mål,
Arkitekturen utmanade sinnet, i datans storm så kol."

"I denna labyrint av skiftande syner, där klarhet tycktes försvinna,
Sökte jag essensen av sanning, i datans stridiga vinnar.
Genom presentationers loopande kaos, och diagrammens eviga sväng,
Navigerade jag illusionernas djup, för att finna sanningen igen."

29. Jakten på Algoritmen för den Röda Handväskan

Berättarens sökande efter kvinnan med den röda handväskan
Musikförslag: "The X-Files Theme" av Mark Snow

"Djupt i Fabriken av Ekande Surr, min jakt tog sin start,
Efter en kvinna i rött, i affärsvärldens absurda part.
Viskningar om henne höll nyckeln, till hemligheter väl fördold,
En algoritm för framgång, som i datans djup blev såld."

"Varför är hon gåtan här," funderade jag i jargongens snår,
Med holografiska ledtrådar i hand, genom labyrinten jag går.
Möjligheter flimrade ovan, som symboler fyllda av mystik,
Jakten på insikt och sanning, var min tydliga taktik."

"I detta drömvärlda teknolandskap, följde jag datans spår,
Mina ord blev krypterade strömmar, som drömmar i natten går.
Fast besluten att avslöja hennes hemligheter, i denna värld jag
fann,
Där innovationens språk flödade, men mänsklig touchen
segern vann."

"Mitt i blockkedjans ledger, och kryptovalutans vilda dans,
Strävade jag att avkryptera framtiden, hitta koden som fanns.
I 'Den Gåta om Digitalt Guld,' där digitala rikedomar lockar,
En berättelse om kryptovetskap, där transparensens kraft
bockar."

30. Relikverkens Resonans

Berättarens upptäckt av den gamla fabriken
Musikförslag: "Nocturne in E-flat Major, Op. 9, No. 2" av
Frédéric Chopin

"Djupt i digitalens komplexa ström,
Avslöjade jag ett under, där det förflutna fann sin dröm.
En fabrik som glömts, 'Relikverken' kallad vid namn,
Mitt i företagsalgoritmer, kom dess existens fram."

"Maskiner av gårdagen i djup sömn låg,
Analoga drömmar i spindelväv drog.
Skrivmaskiner sjöng en nostalgisk melodi,
Medan klockor tickade, där tiden var fri."

"Varför är detta en tidsresa?" tänkte jag förundrat,
Bland historiens reliker, stod jag betagen och fängslat.
En neonskylt fladdrade, 'Innovation och Historiens balsam,'
En paradoxal fristad, en fantasifull helande psalm."

"Bland all förvirring, spirade min förundran,
I en värld av framsteg, där nostalgin förblir sann.
En blandning av historia och innovation, jag fann,
I 'Relikverken,' där förgångna ekon står kvar ibland."

"Mina ord förvandlades till brev, handskrivna och äkta,
En resa av balans, där det gamla och nya mäkta.
I ett landskap av framsteg, jag strävade att se,
Skönheten i tradition och djup mänsklighetens väv."

31. Binära Ekon

Berättarens tankar och känslor om fabriken
Musikförslag: "Oxygene, Pt. 4" av Jean-Michel Jarre

"Jag fortsatte framåt på denna resa att bo,
I 'Binära Ekon,' där dåtid och framtid flö.
En jakt på förståelse, i en värld av nytt och gammalt,
En absurd saga, där tidens ekon blir framkallat."

"Jag vandrade genom datans korridorer tätt,
På jakt efter visdom som inte förbleknat än.
Förbi viskningar av gamla system och kod så svår,
Sökte jag den kunskap som tiden ej rår."

"I 'Binära Ekon,' där kodens rader fick liv,
Avslöjade jag hemligheter, som fyllde mitt hjärta med driv.
Dåtiden talade om lärdomar, framtiden om drömmen,
I denna drömvärlda saga, där allt var som en strömmen."

"Så fortsatte jag min färd genom datans domän,
I 'Binära Ekon,' där berättelser flöt som ett hav och en stjärnregn.
En strävan efter upplysning, i en värld så både ny och gammal,
En saga om uthållighet, där tidens ekon var ett flammande vimmel."

32. Ekot av Binär Tid: Dåtid, Nutid och Framtid Obunden

Berättarens förvirring och desorientering
Musikförslag: "Stranger Things Theme" av K Dixon & M Stein

"Bland mekaniska underverk, en fabriks mystik,
Vecklades min resa ut, overklighet och unik.
I 'Binära Ekon,' förvirrande, jag skulle få lära,
I en mystisk värld där jargongerna svära."

"Antika kammare, där kugghjul mötte ström,
En förbryllande förening, en värld som en dröm.
Böcker förvandlades till virtuella ark som jag ser,
Medan analoga klockor tickade i sin sfär."

"Varför, i denna labyrint, är jag en relik i kod?"
Jag undrade högt, i fabrikens avskildhet jag bodde.
Ett neonskylt fladdrade, mellan tider det sving,
Dåtid och framtid, en förbryllande ting."

"I denna mystiska sfär, min förståelse blev grumlig,
Analog dåtid och digital framtid blev en brygd skumlig.
Mina ord blev data, krypterade och stora,
Speglade kaoset, som nu blev min förmånare."

"Men ändå jag fortsatte, på resan jag for,
Att finna klarhet i kaos, sökte jag svår.
Ett landskap absurd, med lärdomar så klara,
Där dåtid mötte nutid, och framtiden var fara."

33. Krönikor om den Röda Handväskan: Navigera Tidens Enigma

Berättarens sökande efter kvinnan med den röda handväskan
Musikförslag: "No Time for Caution" av Hans Zimmer (from Interstellar)

"I Gamla Fabriken av Binära Ekon, en berättelse vecklas ut,
En fantastisk resa, där tiden gör sitt spratt.
Jag söker en kvinna med röd väska så fin,
Mitt i affärsjargongens förvirrande skrin."

"Legender viskade av spektrala uppenbarelser så grann,
Om en chiffer med hemligheter och visdom att förstå.
Hennes portfölj, sa de, innehåller kunskap stor,
Om dåtid och framtid, där mysterier bor."

"Varför är jag nyckeln i denna tidens märkliga lek?"
Jag undrade, sökte svar i det blek.
Min silhuett vävd med historiens tråd,
En skylt ovanför, en paradox förlåt."

"I affärernas värld, där strategier flyger högt,
Jag strävar att avkoda mönster, i 'Strategins Långa Lott.'
En resa genom marknaden, där fluktuationer snurrar,
En berättelse om affärskunnande, där framgångar knorrar."

34. Tidens Harmoni: Den Gamla Fabrikens Dilemma

Berättarens upptäckt av den gamla fabriken
Musikförslag: "The Typewriter" av Leroy Anderson

"Holografiska banderoller förkunnar och snurrar,
"Arv" och "Innovation," en dans som rullar.
En värld av motsägelser, trotsar varje bud,
Beta-testar livets dualiteter i var steg och ljud."

"Varför denna gåta i en fusion så djärv?"
Jag undrar, i berättelser otold, ej skärv.
Kugghjul av rost i fusion med ny teknik,
En skylt växlar mellan "Tradition" och "Kritik."

"Innanför, skrivmaskiner viskar i digital kod,
Analoga klockor dansar där dataflöden gör mod.
Anakronistiska under, en mix av tid så stark,
Utmanar mitt grepp, ett pussel där allting är mark."

"I denna förbryllande värld, ord leker sitt spel,
Mellan dåtid och framtid, analogt så hel.
Förvandlat till strömmar av krypterad nåd,
Reflekterar utmaningen i detta absurdistiska råd."

"Genom labyrinten av leveranskedjor, där effektivitet är lag,
I 'Leveranskedjans Symfoni,' jag vandrar dag för dag.
En jakt på strömlinjeformade processer, där vinst och nytta
går hand i hand,
En berättelse om logistikens konst, där framgången tar land."

35. Ekot av Ensamhet i Analog Avgrund

Berättarens känsla av utanförskap och isolering
Musikförslag: "Isolation" av Joy Division

I denna värld av kugghjul och hologram, overklighet och djup,
Jag vandrar i den Gamla Fabriken, förlorad i dess labyrint.
Främmandes sirensång ekar i mitt hjärta,
När jag söker min plats i denna nya konstiga plats.

Mekaniska reliker och holografiska strömmar virvlar omkring,
En paradoxal omfamning av dåtid och framtid.
Jag ser mig själv speglad i fabrikens blick,
Min egen främlingskap speglad i dess labyrint.

"Varför detta arv i en värld så djup,
Där dåtid och framtid för evigt binds ihop?"
Jag mumlar i ångest, förlorad i spelet,
Medan neonskylten svänger, Integration och Ensamhet i detta spelet.

I denna förvirrande värld, blommar ensamheten,
En klyfta så bred, en djup känsla av dysterhet.
Jag längtar efter kontakt, efter broar att bygga,
Mina ord förvandlas till kod, med längtan att fylla.

36. Jakten på meningen i existensens kod

Berättarens sökande efter mening och riktning
Musikförslag: "Trøllabundin" av Eivør Pálsdóttir

I holografiska rutor, där avatarer talade lätt,
Filosoferande algoritmer, där livets frågor blev sett.
Jag grubblade på mitt syfte, kände mig ur synk,
Förlorad i ROI:s värld, där meningen krympte i sin länk.

"Varför en föräldrad funktion i en värld så stor?
Förlorad i vinstens jakt, där allt annat går förlor'?
Jag funderade med frustration, i en värld full av krav,
Där 'Syfte' och 'Vinst' svängde som livets pendelstav."

I denna absurda värld, började min strid,
Att dechiffrera meningen, att bli unik och fri.
Mina ord blev till data, när jag undersökte livets spår,
I en stad där framgång ofta lämnade mig tom, utan mål att
nå.

Framåt jag gick, genom den digitala spridningen stor,
På jakt efter mitt syfte, ifrågasatte jag allas spår.
I en värld av framgång, där resan var nyckeln fin,
Längtade jag efter mening, efter ett liv som kändes fri och min.

37. Sökandet efter visshet i tillvarons tvetydighet

Berättarens tvivel och osäkerheter
Musikförslag: The Uncertainty Principle av The Heliocentrics

"I en virtuell amfiteater, där debatter hölls,
Existentiella frågor, ett komplext spel.
SWOT-analyser av livets många val,
Min inre kamp höjde ekande tal."

"En neonskylt blinkade, svängde mellan två poler,
'Visshet' och 'Tvetydighet' i amfiteaterns soler.
I denna förvirrande värld växte tvivlets våg,
Skuggor på meningen kastades, fick mig att gå lågt."

"Mitt sökande efter mening verkade förlorat i mängden,
När osäkerheten viskade och mina tankar blev obändiga.
Mina ord blev till data, virvlande, osäkra och vidsträckta,
I en stad av framgång, ifrågasatte jag min väg, och allt blev grått."

"Ändå fortsatte jag framåt, genom datans blinda labyrint,
För att möta mina osäkerheter i en förvirrad, vimsig hint.
I en stad som levde på språkets säkerhet,
Sökte jag mod och klarhet, i en värld så full av dunkelhet."

38. Den Ekande Avgrunden av Mening

Berättarens rädsla för meningslöshet
Musikförslag: "Spem in Alium" av Thomas Tallis

I TechnoExistence City, så vidsträckt och klar,
Tog min resa en vändning, så mörk och rar.
Djupt i dess hjärta, där data flödar som konst,
Stod jag inför en rädsla, en närvaro så tung än annons.

I ett virtuellt auditorium, där avatarer höll tal,
Debatterades livets ROI och dess ödesval.
Min rädsla växte, en spöklik syn så kall,
En meningslöshetens skugga, så mörk och tal.

"Varför denna föråldrade kod, i livets stora spel?
Hemsökt av tomhetens spöke, en evig dröms skäl?"
Jag darrade i osäkerhet, medan kollegorna stod så rak,
Deras liv planerade och kartlagda, på Gantt-diagram så sak.

En neonskylt ovan oss, symbol för vår strid,
Svängde mellan "Syfte" och "Tomhet," i auditoriets tid.
I denna förvirrande värld växte rädslan likt en fil,
Hotande att förstöra vårt syfte, en existentiell stil.

I TechnoExistence City, där data strömmar föll,
Stod jag vid avgrunden, där meningar sig höll.
I en värld av framgång sökte jag mod att erkänna,
Att mening kunde finnas, även i tomhetens bränna.

Berättarens utforskning av olika filosofier och religioner
Musikförslag: "Adiemus" av Karl Jenkins

"Varför detta arvkod i existentiell paradigms makt,
Navigerar livets API, i sökandet efter syftet rätt."

"En holografisk skylt svängde, mellan 'Tro' och 'Säkerhet,'
Representerade den ständigt föränderliga landskapens sällskapet."

"Filosofiska avhandlingar och blockchain-debatter följde tätt,
När jag sökte efter mening, min väg att förutsett."

"Genom Kvantmetaversen vandrade jag, modig och klar,
I sökandet efter existentiella sanningar, där mening låg kvar."

"I aktiemarknadens flöden, där värden ebbade och rann,
Sökte jag efter livets essens i 'Priset Vi Betalt' fann."

"I företagskonkurrensens värv, där strategier fördes fram,
Reflekterade jag över livets resa i 'Spelet Vi Spelade' stram."

"Inom hierarkins ramar, där titlar hade makt,
Utforskade jag existensen i 'Rollerna Vi Spelar' i prakt."

40. Sökandet efter Digitala Band

Berättarens sökande efter kontakt med andra
Musikförslag: "Rez" av Underworld

"I Kvantens nät började min overklighet resa på ny,
Ett sökande efter samhörighet, bland digital sken och bly.
På den holografiska marknaden, där synergi höll dom,
Sökte avatarer förbindelse, i en datadriven symfoni som blom."

"Varför denna gamla nod i relationens strategi, jag vill förstå,
För att avkoda de neurala vägarna, till kontaktens kärna nå."

"En virtuell odyssé, på jakt efter band äkta och sant,
Överbryggande digitala klyftor, i ett landskap som är kant.
Mina ord blev till strömmar, av relationell datas konst,
Funderingar kring mänskliga band, från hjärtats innersta ton
som brunst."

"Genom Kvantens metavers, fortsatte jag utan stopp,
I jakten på äkta kontakt, där digitala lagar fick dropp.
I en värld av nätverk, fann jag banden jag längtat till,
För genuin mänsklig interaktion, var det sökandet jag alltid
ville."

41. Existensens Algoritm

Berättarens ansträngningar att skapa mening i sitt eget liv
Musikförslag: "A Beautiful Mind" av James Horner

"Min jakt blev en odyssé, genom självhelp-API:er jag drev,
I blockchain-nodernas värld, där syfte och hem jag väv.
Mina ord förvandlades till strömmar, av existentiell kod och mystik,
Avkoda livets hemligheter, i dess kärna, där svaret är rik."

"Mitt i den organisatoriska hierarkin, där titlar hade makt,
Utforskade jag min roll i 'Ansvarighetens Makt' som en akt.
En jakt efter påverkan och ledarskap, en stig jag försiktigt steg,
Med insikt om att med makt, kommer ett större ansvar på min väg."

"I investeringarnas värld, där valen var vida,
Vandrade jag genom 'Välbefinnandets Rikedom' med frida.
En resa genom personlig ekonomi, där värden jag skulle vårda,
En berättelse om finansiell visdom och holistisk hälsa, min egen gåva att vårda."

42. Kommunionens Kod

Berättarens önskan att finna en känsla av gemenskap
Musikförslag: "Cavatina" av Stanley Myers

I den Digitala Kosmos vida rymd, min resa tog sin början,
En jakt på hjärtliga band, en berättelse likt stjärnorna förtjänt.
I en virtuell värld av synergi, där dataströmmar flöt fritt,
Sökte jag sann kamratskap, i detta tekniska sken så vitt.

"En neonskylt ovan svajade, mellan Ensamhetens hölje,
Och Tillhörighetens varma famn, i en värld så vid och ljuv."
I detta mystiska rike, min jakt började, en digital odyssé,
Navigerande sociala noder och KPI:er, sökande harmoni.

"Min resa förvandlade mina ord, till relationella strömmar,
Utforskande livets komplexitet, som drömmare i sina
drömmar."
I en värld av digitala band, jag fann min väg,
Att främja sanna förbindelser, där hjärtan i enhet steg.

"Inom företagsarenan, där konkurrens råder sträng,
Utforskade jag 'Hjärtats Marknad,' där framgång sjöng."
En resa av ledarskap och medkänsla, jag stolt mötte,
Inse att i affärsvärlden, empati sin egen nåd höll.

43. Förbindelsens Kod

Berättarens svårighet att knyta an till andra
Musikförslag: "Pavane" av Gabriel Fauré

"Varför är jag denna arvegods kod," jag tänkte då,
när linjerna av mitt digitala jag i luften lyste blå.
I ett ekosystem där förbindelser ofta gick förlorade,
grubblade jag över engagemangets gåtor och spårade,
sökande efter nyckeln till mänsklig kontakt,
gömd djupt inom detta nätverks labyrintiska kontrakt.

Min resa spann mina ord till relationella strömmar,
flödande genom mänsklig interaktions komplexa drömmar.
Jag dök ner i datadrivna länkarnas värld,
där varje förbindelse var en nod i existensens pärlband av
härd.
Här, i denna värld av ettor och nollor, sökte jag sanna
förbindelser,
där hjärtan kunde svaja, obekymrade av tidens stormar och
kast.

44. Förbindelsens Symfoni

Berättarens hopp om att finna gemenskap
Musikförslag: "Adagio of Spartacus och Phrygia" av Aram
Khachaturian

Min resa förvandlade ord till dataströmmar,
var och en pulserande med optimismens rytm.
Jag drömde om förbindelser, gamla och nya,
och föreställde mig ett metavers där dessa band kunde
blomstra. Med varje steg jag tog, tände jag förbindelsens
eldar,
i hopp om att skapa något varaktigt, något sant.

I detta vidsträckta digitala rike satte jag min kurs,
driven av tron att förbindelser var en mäktig kraft.

Algoritmerna som styrde denna plats kunde inte diktera
hjärtat;
de kunde bara vägleda det.
Och så satte jag mig för att bevisa att sanna band kunde bestå,
även i kodens kalla logik.

45. Dödlighetens Ekon

Berättarens tankar om sin egen död
Musikförslag: "Lacrimosa" från Mozarts Requiem i D-moll

"I den Virtuella Evighetsmatrisens vida sfär,
Började en fantastisk resa, av existentiell begär.
I en amfiteater av livets storslagna design,
Funderade jag på döden, en uppgift så fin."

"En neonskylt ovan, i nyanser den svävade,
Mellan 'Arv' och 'Transcendens,' dess nattliga bravade.
I denna förvirrande värld, tankar om döden tog sin flykt,
Navigerade blockkedjans noder, i det ändliga riket tätt."

"En virtuell odyssé, en resa så djup,
Genom dödlighetens beräkningar, i data jag dopad.
I en värld av odödlighet, där livets ljus sken,
Omfamnade jag dödlighetens ekon, en mänsklig dröm så ren."

"En virtuell odyssé, en resa så djup,
Genom dödlighetens beräkningar, i data jag dopad.
I en värld av odödlighet, där livets ljus sken,
Omfamnade jag dödlighetens ekon, en mänsklig dröm så ren."
"Mina ord blev till data, i matrisens sång,
Vägde livets syfte, var jag verkligen hörde till.
I denna absurda metavers, sökte jag nåd,
I dödlighetens dans, i livets flyktiga tråd."

"Genom teknoskapet vågade jag, så modig och djärv,
För att förstå dödlighetens grepp, dess gränser så färv.
I en värld av optimering, där data blandades tätt,
Sökte jag förstå livets väsen, från början till slut så rätt."

"Likt en dataanalytiker, analyserade jag varje tråd,
Sökte mönster i existensen, där svar kunde bli nåd.
För i datavärlden, där siffror ofta bedrar,
Strävade jag efter visdom, den kunskap jag skulle klara."

"Med varje datapunkt studerad, och varje insikt vunnen,
Vägledde praktisk visdom mig, som en ledstjärna bunden,
Genom teknoskapet jag vandrade, min strävan utan slut,
I sökandet efter livets mening, i denna datablend så akut."

46. Det Okända Landets Gåta

Berättarens rädsla för det okända
Musikförslag: "Journey to the Line" av Hans Zimmer

I Kvanta Metaversens vidsträckta sfär,
Min quest, en djup prövning här.
En odyssé i det digitala land,
Att övervinna rädsla, dess obevekliga band.

"Varför är jag arvkoden här," funderade jag,
I osäkerhetens fästning, där tankarna var svaga.
Navigerade binära stup, både höga och låga,
I denna värld där det okändas tentakler våga.

Ovan citadellet, neonskyltar i svaj,
Mellan "Utforskning" och "Försiktighet" i sin display.
Symbol för paradoxen, där rädsla är bunden,
I detta landskap där digitala gränser är funnen.

En resa av virtuell odyssé och grace,
Genom okända blockkedjor, i detta förvirrande place.
För att avkoda gåtan, där data hade makt,
Över människans rädsla, varje dag den beslagt.

47. Algoritmen av Plåga

Berättarens rädsla för smärta och lidande
Musikförslag: Lux Aeterna (Requiem for a Dream) av Clint
Mansell

I Cybernetiska Kosmosens absurda sfär,
Min resa tog sin början, genom skuggorna där.
In i mitt psykes djup, jag skulle gå,
Rädsla för smärta, min följeslagare ändå.

Inom den neurala arenan, storslagen och bred,
Analyserade avatarer tankar, som man begärde det.
Kognitiv entropi, lidandets pris att se,
I IKT:s språk, jag mötte mitt öde med det.

"Varför är jag arvkoden, i detta cerebrala sken,
Beräknar matriser, i denna komplicerade scen?"
Jag undrade högt, medan kollegor, datakloka,
Bemästrade smärta, med digitala, stoika ögon så råka.

Ovan arenan, neonskyltar i svaj,
Mellan "Uthållighet" och "Lindring," dag för dag.
Symbol för lidandets paradoxala väg,
I en värld där smärta jag sökte att hejda i behag.

48. Förnekelsens Algoritm

Berättarens förnekande av sin egen dödlighet
Musikförslag: "The Show Must Go On" av Queen

I Kvantdataavgrunden, vidsträckt och overklighet,
Min resa tog sin början, att lösa upp rädsla så real.
Djupt i den existentiella klyftan jag dök,
Med dödens skräck, i IKT:s professionella rök.

Inom det holografiska gränssnittets sfär,
Existentiell undvikelse, ett domän så tvär.
Avatarer utförde algoritmer, en cerebral strid,
Mot entropins förestående brott, att undvika livets frid.

"Varför är jag föråldrad kod," jag funderade djupt,
I denna fästning av dödsundvikelse, där svar man har kluvit.
Exekverande subrutiner för att dölja livets förfall,
Medan kollegor byggde förnekelsematriser, för att hålla allt
kallt.

Drömvärlds odyssé, förnekelsens väg jag tog,
Genom kognitiva krypteringsnoder, där hemligheter slog.
Att dekryptera dödens gåta, i denna digitala plats,
Där digital odödlighet fördunklade människans dess kraft.

49. Kvanttröstens Ekvation

Berättarens sökande efter tröst och lugn
Musikförslag: "Gymnopédie No.1" av Erik Satie

I Kvantmolekylära Nexusen, en värld så sammanflätad,
Min fantasi resa började, en strävan stadgad.
Att söka tröst och trygghet, jag skulle ta fart,
I IKT:s abstrakta språk, där data gav start.

Inom reaktorn där existentiell tröst brann,
Avatarer exekverade algoritmer, som ljusstrålar spann.
Engagerade i kvantkryptering, en absurd dans,
Min jakt på tröst, en chans så grandios och glans.

"Varför är jag den föråldrade molekylen," jag suckade djupt,
I en kvantlösning, där fragment av tröst försvunnit abrupt.
Sammanflätad med trygghet, som atomer i dansens flöde,
Mina kollegor, i kvantens grepp, tog en modig möda.

Ovan reaktorn, neonskyltar fladdrade i tid,
Mellan "Trygghet" och "Osäkerhet," som dag och natt i strid.
En symbol för den balans, mitt hjärta sökte så sant,
I en värld där digitala odds ofta mig brant.

Jag pressade framåt, beslutsam och klar,
För att finna emotionella band, där trösten var rar.
I en värld av kvantsannolikheter, där data fanns fri,
Omfamnade jag den mänskliga essensen, och fann tröstens
frieri.

50. Kvantalkemin av Mening

Berättarens ansträngningar att hitta mening i livet
Musikförslag: "Saturn" av Sleeping at Last

Jag vandrar genom Kvantmolekylära Nexusen,
En värld i flöde, en existentiell brytpunkt i diskussion.
Sökande efter livets mening, i IKT:s dans jag står,
I ett rike där kvanthemligheter dagens ljus når.

Inom det holografiska labbets existentiella glans,
Analyserar avatarer kvantvärldar, i en mystisk dans.
Engagerade i entropins minskning, en strålande akt,
Min jakt på mening, ett ljus som är så starkt.

Ovan labbet, neonskyltar fladdrar och glimmar,
"Syfte" och "Oklarhet," som en dröm där svaren simmar.
Symboler för den jakt mitt hjärta så hett söker,
I en digital värld där svaren ofta släcker.

För mening, för syfte, jag skulle färdas långt,
I Kvantmolekylära Nexusen, där himlarna sjöng så klang.
Pressande framåt, beslutsam, i detta gåtfulla rum,
För att avslöja livets essens, i dess stora brum.

51. Den Synaptiska Sökandet efter Lugn

Berättarens vändning till religion eller andlighet
Musikförslag: "Ave Maria" av Franz Schubert

Inom det holografiska symposiets storslagna sken,
Där avatarer funderar genom natt och dag som en.
Neural entropi och motståndskraft så stor,
Min sökning efter tröst finner sin rot där och då.

"Varför är jag den stilla neuronen?" jag suckar,
I ett synaptiskt strategimöte, där jag funderar och bugar.
Utforskande nexus av trygghet och mer,
Religion och andlighet, jag utforskar där jag står.

Kollegor utför psykologiska sysslor med precision,
Optimerar mina känslor, adresserar behovens vision.
Emotionella portföljer, intelligensmått som blir klar,
Medvetenhet om andlig tröst, en berättelse så rar.

Ovan, neonskyltar dansar och svajar så fritt,
Mellan "Tro" och "Motståndskraft," budskap som sitt.
En dubbel natur av min sökning, stor och så klar,
I en värld av medicinsk data, jag tar min ståndpunkt och far.

Jag vandrar vidare, med en ande fylld av lust,
I sökandet efter tröstens essens, att ge min själ ro och tyst.

52. Den Neurocorporate Sökandet efter Kärlek

Berättaren söker kärlek och stöd
Musikförslag: "Clair de Lune" av Claude Debussy

Inom holografiska konferensens storslagna form,
Affektiva investeringar, känslor i varm storm.
ROI på band och emotionell rikedom,
Min jakt på kärlek, kräver mod och tom.

"Varför är jag den vilande receptorn?" jag undrar,
I detta toppmöte av känslor, skall jag finna min kammar.
Utforskar portföljen, kärlekens ömma kraft,
I en värld av affärsprecision, där en unik omfamning är skatt.

Kollegor diversifierar, emotionella band vi vårdar,
Relationella mått, med omsorg vi ordnar.
Rättvisa i förbindelser, både skarp och djärv,
I en dualistisk värld, där värme och isolering vävts med järv.

Trycker framåt, beslutsam, jag skall utforska,
Kärlekens essens, i hjärtats djup skall jag forska.

53. Sökandet efter Livets Essens

Berättarens försök att få ut det mesta av sitt liv
Musikförslag: "Eine kleine Nachtmusik" av Wolfgang Amadeus
Mozart

I Neurocorporate Nexus, storslagen och stor,
På en resa jag ger mig av, livets essens jag bor.
Mitt i det holografiska symposiet jag står,
Optimerar existensen, en ny historia får.

"Varför är jag den vilande mitokondrien?" jag ber,
I denna metabola församling, en resa jag ser.
Utforskar vägar, existensens melodi,
I en värld av data, där jag väntar på harmoni.

Kollegor finjusterar, våra livs dashboards står klara,
Hälsoptimering, på ett systematiskt sätt att vara.
Mått reflekteras i detta intrikata spel,
En dans mellan data och livets vibrerande själ.

Med varje steg jag tog, i de levandes landskap,
Jag längtade efter att finna essensen av ett liv i skap.

I vitalitetens omfamning, där välmåendet lyste klart,
Jag upptäckte livets fristad, en strålande, evig start.

54. Drömmar i Nexus: En Självinsiktens Resa

Berättarens önskemål om sig själv
Musikförslag: "Adagio in G Minor" av Tomaso Albinoni

"Varför är jag den vilande neuronen?" jag funderar,
I detta kognitiva toppmöte, där drömmar regerar.
Navigerar vägar av aspirationers sken,
I en värld av data, där drömmar är högst bene.

Kollegor noggrant, utformar livets stora plan,
Strategisk ambition, ett strålande band.
Ambitionsindex, i detta komplexa sken,
En dans mellan data och framtidens glansen.

Pressar framåt, beslutsam, jag strävar,
Att låsa upp mitt hopp, och verkligen leva.
I en värld av planer, där drömmar vecklas ut,
Ska jag upptäcka min essens, mitt hjärtas livsstrut.

55. Samhällets Symfoni: En Resa av Delad Ambition

Berättarens önskemål för andra
Musikförslag: "Missa Papae Marcelli" av Giovanni Pierluigi da
Palestrina

"Varför är jag den vilande synapsen?" jag undrar,
I en sociologisk samling, där ambitioner vandrar.
Navigerar vägar av välvilja och nåd,
I denna datadrivna värld, en medkänslans råd.

Kollegor kalibrerar noggrant sina dashboards,
Social påverkan mätt, hoppets låga på spår.
Medkänsloindex i ett systematiskt mönster,
I en värld där data ofta stjäl drömmen för fönster.

En virtuell odyssé genom altruismens domän,
Sociala välfärdsalgoritmer, en medkänslans vinning.
Avkodar sociologin av samhällets lyftning,
I en värld där medicinska data är känslans inringning.

Fortsätter framåt, jag strävar med makt,
Att låsa upp mina förhoppningar, så andra får takt.
I en värld av optimering, där data virvlar runt,
Ska jag upptäcka hoppets essens, världen till grund.

56. Harmonins Dröm: En Global Sökning efter Hopp

Berättarens önskningar för världen
Musikförslag: "Fanfare for the Common Man" av Aaron
Copland

I Neurocorporate Nexus, där nätverk sig flätar,
Min jakt på globalt hopp, min vision den rätar.
Absurda toppar steg, globala röster hördes,
Att kartlägga en framtid, där hoppet aldrig dördes.

En virtuell odyssé genom modeller vi vävde,
Ekologisk balans, världen att få leva.
Avkoda global harmoni, med data som skrin,
I en värld där medicinska data ofta togs in.

Ord förvandlade till planetarisk rim,
En jakt på hopp, en tidens skrin.
I detta absurda landskap tog drömmar sitt fäste,
För en bättre värld, en historia att fästa.

Fortsätter framåt, jag strävar utan rast,
Låser upp mitt hopp, med medkänsla i kast.
I en värld av optimering, där data är pärlan skön,
Ska jag finna hoppets essens för världen så grön.

57. Kvantumekvationen av Medkänsla

Berättarens agerande för att hjälpa andra
Musikförslag: "Adagietto" from Symphony No. 5 av Gustav
Mahler

"I Kvantumkalkylens Nexus, där siffror är gudomliga,
Söker en att väva medkänsla i varje linje noggrann och fina.
För i denna värld av symboler, där logiken håller tag,
Måste det finnas plats för vänlighetens slag."

"I detta nexus av siffror, där logik var kung,
Har jag funnit stigen där medkänsla får sjunga.
För i kvantvärlden, där ekvationer styr allt,
Har vi visat att även matte kan ha sin drömmars kall."

"Och så har resan i denna kvantvärld visat,
Att även i den kallaste logik, kan värme skapas.
Medkänsla och matte, i en dans så fin,
Har banat en ny väg, och gett världen en ny början."

58. Kvantumsymfonin av Hängivenhet

Berättarens engagemang för att göra världen till en bättre plats
Musikförslag: "Finlandia, Op. 26" av Jean Sibelius

"Varför är jag den dolda egenvektorn, i detta oändliga rymd?
Bland de ändlösa tensorerna, där hängivenhetens kraft är känd.
Ekvationer flödar runt mig, komplexa, vidsträckta och djupa,
Men inom deras djup, ett löfte jag håller tyst i hu."

"I Kvantumkalkylens Nexus, där logikens kraft råder,
Ger sig en ut på en resa, där hängivenhetens ljus stannar kvar.
I denna abstrakta sfär, där siffror har sin tron,
Är protagonisten på väg, mer än en dröm att nå."

"I Kvantumkalkylens Nexus, där logikens kraft råder,
Ger sig en ut på en resa, där hängivenhetens ljus stannar kvar.
I denna abstrakta sfär, där siffror har sin tron,
Är protagonisten på väg, mer än en dröm att nå."

"I denna värld av tensorer, där dimensioner vävs tätt,
Ska jag finna vektorn som med det humana är rätt.
För i varje komplex ekvation, varje abstrakt plan,
Finns en lösning som både styrka och mänsklighet har sann."

59. Fractal drömmar om förändring

Berättarjagets tro på att förändring är möjlig
Musikförslag: "Symphony No. 9 in D minor, Op. 125 'Choral'"
av Ludwig van Beethoven

"Varför är jag den dolda fraktaldimensionen, i detta hav?
Bland alla sannolikheter, där min tro ger mig svar.
I Nexus hjärta, där ekvationer svävar fritt,
Söker jag vägen där mina drömmar får sitt."

"I denna värld av fraktaler, där dimensioner breder ut,
Ska jag finna potentialen för förändring, och stå fast i slut.
För i varje ekvation, i varje chans som kan ske,
Finns kraften att gå framåt, att nå det vi vill se."

"I denna Nexus av sannolikheter, där fraktaler flyger,
Har jag funnit vägen där förändringen ligger trygg.
För i dimensionernas dans, där verkligheter smälter samman,
Är förvandlingen nyckeln, min resa har bara börjat, med
samma spänning."

60. Förändringens fraktalsymfoni

Berättarens tro på vikten av handling
Musikförslag: "Lux Aurumque" av Eric Whitacre

"Varför är jag den dolda fraktaldimensionen,
gömd i detta oändliga nät?
Bland sannolikheter och stokastisk nåd,
Söker jag vägen där förändring får råd.
Genom osäkerhetens labyrint ska jag styra,
Och låta transformation bli min kraft att hyra."

"Vi justerar matriser med stokastisk precision,
Finjusterar förändringens vektorer med varje beslut.
Förvandling och anpassning, den dans vi antar,
I denna kosmiska värld där sannolikheter tar form."

"I denna Nexus av sannolikheter, där fraktaler dansar och
förändring tar flykt,
Har jag funnit vägen där hoppet lyser starkt.
För i hjärtat av denna kvantvärld,
Har jag bemästrat förändringens kraft, och fört dess sköld."

61. Den Heliga Labyrinten av Överlåtelse

Berättarens vilja att offra sig för sina övertygelser
Musikförslag: "Chant" av Benedictine Monks of Santo Domingo
de Silos

"I eteriska tapeter där mysterier sig löser,
Den Gudomliga Labyrintens stig, där tron sig föder.
Min resa, absurd, djup och stark,
I heliga ord håller jag mitt löftes mark."

"Varför är jag den ångerfulle, i detta helgade rum,
Navigerar labyrintiska riter, söker helig nådens ljum.
Mina tankar i viskningar, min resa att börja,
I hängivelsens famn, den heliga gnistan att förnya."

"I himmelsk kontemplation, en helgedom stor,
Där serafiska väsen troget står.
Arkitekter av offer, de funderade varför,
Min stig genom tron, en helig sky."

"I denna heliga labyrint, jag vandrar med omsorg,
Varje steg en bön, varje andetag en tår.
Genom trons prövningar, där tvivel gör snår,
Hittar jag styrkan att möta mitt sår."

62. Den Himmelska Symfonin av Hopp

Berättarens hopp att hans handlingar ska göra skillnad
Musikförslag: "The Swan" av Camille Saint-Saëns

"Mitt i vävens strålglans, där gudomlig famn,
Min resa utspelar sig, i detta himmelska hamn.
Rik på uråldriga termer, min stig djupt bunden,
Med hopp att göra skillnad, i en himmelsk förbund."

"I helgedomens nåd, där serafiska röster klingar,
Framkallar uråldriga liturgier, på himmelska vingar.
Gudomliga beräkningar, jag grubblar, jag svävar,
Mina ambitioner i den kosmiska tonens vävar."

"Varför är jag, den ödmjuke, i detta heliga land,
Navigerar labyrintisk tro, med himmelsk hand?"
Min röst, en viskning, i hängivelsens ljus,
Söker kosmiska ekon, en himmelsk strålebus."

"Himmelska väsen, i välvilja jag tror,
Riter av kosmisk godhet, mitt hjärta jag jord.
Ett strålande sigill, ovan, pulserande starkt och klart,
'Ingripande' och 'Mysterium', i himlens ljuva fart."

63. Fördjupning i det Omedvetna

Berättarens oförmåga att minnas var han är eller varför han är
där
Musikförslag: "Teachers" av Leonard Cohen

"Bland labyrintiska korridorer, i denna märkliga sfär,
Min resa utspelar sig, där Psykedeliska Asylets makt bär.
Mitt sinne, ett kalejdoskop, med osäkerhet beklädd,
Komplexa psykiatriska termer, min själ var klädd."

"Verklighet och illusion, i denna värld sammanflätad,
Jag brottades med vad jag skulle finna, aldrig beräknad.
Förlorad inom mig själv, utan syfte eller mål,
I asylets labyrint, sökte jag ljusets strål."

"Varför är jag, en förlorad bit, i min egen tankes dimma,
Drivande i tankekorridorer, där skuggor stimma?"
Min förvirring så djup, som en gåta utan ord,
En flimrande neonskylt ovan, 'Klarhet' och 'Kaos' som ropar till
jord."

"Varför är jag, en förlorad bit, i min egen tankes dimma,
Drivande i tankekorridorer, där skuggor stimma?"
Min förvirring så djup, som en gåta utan ord,
En flimrande neonskylt ovan, 'Klarhet' och 'Kaos' som ropar till
jord."

64. Labyrinten av Psyket: En Surrealistisk Ensamhet

Berättarens känsla av att vara vilse och ensam
Musikförslag: "Mad Rush" av Philip Glass

"Inom Psykedeliska Asylets förvridna korridorer, jag går,
En absurd resa, psykiatriska termer i mitt sinne står.
I mitt splittrade psyke, där förvirring har sin makt,
Isolering och sjukdom spelar sin akt."

"Bland skiftande landskap i mitt oroliga sinne,
Förlorad och ensam, där mina tankar sig tvinne.
'Ensamhetssyndrom' och 'existentiell främlingskap' tar sin del,
I denna affektionens labyrint, söker jag min själ."

"I denna surrealistiska dimension, blir känslorna en skräckfylld
färd,
En mardrömslik odyssé, i mitt eget psyke jag lärd.
Spektrala gestalter dansar genom mitt sinnes korridorer,
Ekot av emotionellt trauma, i denna surrealistiska atmosfärer."

"I denna absurda dimension, blir känslorna en skräckfylld färd,
En mardrömslik odyssé, i mitt eget psyke jag lärd.
Spektrala gestalter dansar genom mitt sinnes korridorer,
Ekot av emotionellt trauma, i denna drömvärlds atmosfärer."

65. Ensamhetens Labyrint: En Surrealistisk Inre Odyssé

Berättarens rädsla för det okända
Musikförslag: "Unravel" av Björk

I Psykedelikas vridna korridorer, jag går,
En absurd resa i sinnets mystiska spår.
Psykiatriska termer väver en labyrint, komplex och mörk,
I mitt splittrade psyke, där förvirringen är stark.

Mitt i tankarnas skiftande landskap, ett sinnes malström jag ser,
Jag kämpar med isolering, förlorad och ej fri jag är.
"Ensamhetssyndrom" och "existentiell främlingskap" jag hör,
Ekande i mina tankar, i denna overklighet atmosfär som stör.

Genom detta mentala metaversum, mina tankar förvandlas till spöklika skepnader,
Fantasmagoriska ekon, i en absurd mental hymn av förödelsens alla hemligheter.
Isoleringens tyngd jag bär, längtar efter förbindelsens nåd,
Jag försöker överbrygga den inre turbulensens klyfta, och söker en bättre plats där allt är klart."

66. Sinnets Labyrint: En Surrealistisk Resa Inåt

Berättarens försök att förstå sin omgivning
Musikförslag: "Ezio's Family" av Jesper Kyd

I det Psykedeliska Asylets skuggiga natt,
En fantastisk resa tar sin plats, dränkt i skumt ljus som en tappad skatt.
Psykiatriska termer väver en kryptisk väv, så svår,
I mitt splittrade psyke, kaos och mysterium jag får.

Mitt i tankarnas skiftande landskap där osäkerhet regerar,
Jag kämpar oavbrutet medan verkligheten havererar.
"Kognitiv dissonans," "tankestörning," viskas i luften omkring,
Invävda i mitt medvetande, en mental labyrint med sitt sting.

Fantasmala skepnader av tankar, i korridorerna dansar,
I psykens kryptiska språk vill de avanceras.
I denna absurda dimension är förståelsen förlorad,
Psykiatriska termer överskuggar klarhet, i en värld där allt är fördold.

Genom mitt undermedvetnas labyrintiska korridorer jag går,
I en strävan att förstå mitt inre tumult som aldrig ger mig ett klarsynt svar.
I mental tumultens rike, där tankar ofta tornar upp sig,
Jagar jag klarhet inom skuggorna under denna mystiska tid,
Där allting verkar så mörkt och kallt."

67. Sinnets Labyrint: En Surrealistisk Resa Inåt

Berättarens skäl till att följa kvinnan
Musikförslag: "Resist" av TESSERACT

I en fantastisk dröm, där färger blev levande och stark,
Gav jag mig ut på en jakt, driven av en sökandes starka mark.
Jag sökte en kvinna, vars lockelse ej gick att förneka,
I den röda handväskan, under drömmens himmel, så vacker
och smeka.

Orsaker till min jakt, en kalejdoskopisk färgexplosion,
Nyfikenhet, fascination, önskningar i en kaskad av emotion.
En oförklarlig förbindelse, verkligheten den trotsade,
I min jakt, i detta drömland där allt sig förvandlade.

I detta hallucinatoriska rike, där illusioner tar flykt,
Jakten på den gåtfulla, en odyssé så stark och nykter,
Surrealistisk symfoni av syner, ljud och känslor okända,
Ord dansade som eldflugor, i detta drömland som så häftigt
brända.

68. Den Oavbrutna Jakten på Den Röda Handväskan

Berättarens känsla av brådska
Musikförslag: "Running Up That Hill" av Kate Bush

I ett absurd drömland, där min odyssé tog sin form,
En jakt på röd gåta, i brådska och storm.
Världen virvlade i färger, ljud från bortom rum,
En oavbruten, andfådd jakt, på surrealistisk grund.

Brådskan kändes påtaglig, som en febrig, frenetisk trumma,
Tiden själv var nyckfull, rusande stunder som en flamma.
Mitt hjärta bultade som åskknallar, i mitt vidsträckta bröst,
Drev mig framåt, mot ödesdigra beställningar och löften om tröst.

Sekunder sträcktes till evigheter, ögonblick fyllda med intensitet,
I detta abstrakt rike, där allt kändes oändligt och kompakt.
Den röda handväskan svängde, markerade varje steg,
Medan jag vågade mig framåt, i denna drömvärld, utan vägg.

Varje fotsteg ekade, min andedräkt fylld med förväntan,
En värld av surreal, där varje steg var en förtjusning.
Hinder så fantastiska, i detta drömland jag stred,
Brådska min följeslagare, i detta absurd skred.

69. Den Frustrerande Röda Färgen

Berättarens frustration över att inte kunna hitta kvinnan
Musikförslag: "An Ending (Ascent)" av Brian Eno

I ett evigt skiftande väv, min overklighet jakt tog fart,
Jagar ett spöke i rött, i en värld så full av snart.
Hon förblev undflyende, en lockande skugga svävande,
Varje steg en försjunken väg, där verklighet och illusion spelande.

Frustrationen växte som en storm, en känslomässig strid,
Känslor som sammanflätades, som en spiralfjäder i strid.
Förbittring och förtvivlan, ett turbulent hav,
I denna absurda värld, där gränser upphör att vara.

I denna absurda odyssé svällde mitt sinne,
Jagar en undflyende röd, i en irriterande karusell.
Genom frustrationens storm, steg jag djärvt,
I denna värld av under, där känslor flödade.

En symfoni av känslor, en galen dans,
Sammanknuten med förbittring, i labyrintens glans.
Varje steg jag tog, i denna slingrande jakt,
Ledde djupare in i frustrationen, en förbryllande akt.

I denna hallucinerande värld, där känslorna löpte amok,
Var frustrationen min följeslagare, pulserande chock.
En storm av känslor, som virvlade i luften här,
I drömmarnas labyrint, fortsatte jag att våga och bära.

70. Gåtan i Rödfärgad Dröm

Berättarens tankar och känslor om kvinnan
Musikförslag: Symphony No.3 "Sinfonia del Mare" av Gösta
Nystroem

I kalejdoskopets eviga skiftande, hon vävde sin trollbindande
dans,
Kvinnan i rött, en gåta, som kastade sin mystiska glans.
Hennes närvaro, en frestande motsägelse, i detta absurda
land,
Mysterisk men lockande, med en förtrollande, hänförande
hand.

"Jag, den förtrollade drömmaren, förlorad i hennes magiska
grepp,
I en dröm där känslor och beskrivningar dröjer vid varje steg.
Fascination och frustration, åtrå och mystisk komplexitet,
En paradoxal gåta, som trotsar mystisk verklighetens
säkerhet."

Jag pressade framåt, min ande tog flykt,
I denna absurda resa, känslor som brann starkt.
Låste upp essensen av min förbindelse med henne, så stor,
Längs den färgstarka vägen av adjektiv, hand i hand som ett
flammigt spår.

71. Viskningar från Tidsriftens Spricka

Berättarens förvåning över att hitta fabriken
Musikförslag: "The Long and Winding Road" av The Beatles

Bland den eteriska dimman, såg jag en relik av tid,
En gammal fabrik, tidssliten, dess närvaro stor och blid.
I en värld där illusioner dansade med det verkliga,
Denna upptäckt, förvånande, en absurda saga för eviga.

Den stod där, gammal och storslagen, tegel och rost i förening,
En port till en svunnen era, hemligheter väntande på
förklaring.
Min förvåning, en symfoni av vördnad och överraskning,
Otrolig förundran och misstro speglades i min blick, på brädden
med innerlig beundring.

I denna eviga värld, där tidens sandar omstrukturerades,
Antiken framträdde, en oväntad, livlig förändring.
Varje hörn höll hemligheter, fantastiska upptäckter att finna,
När jag pressade framåt, med ett nyfiket sinne.

Mitt arbete, en tidlös resa, i fabrikens famn,
Avtäcker mödans essens, där berättelserna fann sin hamn.
I en värld där klockans rytm dikterade versen,
Fortsatte arbetarnas absurda symfoni genom universums
kurtiser.

72. Viskningar från den Glömda Fabriken

Berättarens känsla av nyfikenhet
Musikförslag: "The Iron Foundry, Op.19" av Alexander Mosolov

Mitt i denna eviga dröm, där verkligheten vajar och snurrar,
Min nyfikenhet, som en eld, flammar och surrar.
En gammal fabrik, tyst, stod som i trans,
Dess aura viskade hemligheter, en tidlös, gåtfull dans.

Nyfikenhet, en brinnande härd, värmande varje tanke,
"Varför dras jag hit," undrade jag, som i en rustik tanke,
Till denna relik av det förflutna, där tidens viskningar förkunnade,
På arbetarnas språk, en glömd historia att återvinnas.

I denna absurda värld, där illusion blandas med det verkliga,
Nyfikenhet var min fackla, en ledstjärna så tydlig.
Djupare in i fabrikens hjärta, vågade jag utan fruktan,
Avslöjade mysterier, när ekon från det förflutna började bli påståenden.

73. Ekot från den Industriella Katedralen

Berättarens utforskning av fabriken
Musikförslag: "Industrial Revolution" av Kevin MacLeod

I drömmars vidsträckta land, jag vandrade iväg,
På en upptäcktsfärd, mot en glömd ort i norrs sken.
In i en gammal fabrik, där dåtid och nutid möts,
I industrins absurda dans, en symfoni som söts.

Inom dess labyrintiska under, en katedral av ånga och stål,
Maskiner med namn förtrollande, som en dröm på avstånd må.
"Spindelvävaren" och "Ångsmidda Behemoten" regerade här,
I en värld där kugghjul och kolvar styrde allt som var och är.

På en pilgrimsfärd av upptäckt, genom annaler länge gömda,
Varje steg en vävd berättelse, av tidens hand löst befrämda.
Maskineriets symfoni, "Kuggmästarens Kör" i luften klar,
En kör av glömt slit, som ekar genom fabrikens rar.

I denna absurda värld, där tidens gång är skev,
Min upptäcktsfärd, en fängslande saga att gräva.
Djupare in i fabrikens hjärta, med "Vävande Ormar" vid min sida,
Bar minnen av outtröttligt slit, på en löpande bandsfärd så vida.

74. Ekot från den Industriella Drömmen

Berättarens tankar och känslor om fabriken
Musikförslag: "Danzón No. 2" av Arturo Márquez

I detta heliga rum blev jag den Vördande Pilgrimen, mitt hjärta fylldes med beundran, nostalgi och en obeskrivlig förbindelse. Fabriken, mer än bara en byggnad, var ett levande bevis på generationers arbete och hantverk. Dess väggar, slitna och visa, viskade namnen på hantverkare som länge varit borta, deras berättelser invävda i själva strukturens vävnad.

"Varför är jag den vördande pilgrimen i denna stora industriella hall, där arbetarnas och maskinernas andar ekar i historiens våld?" frågade jag mig själv med låg röst, som om jag var rädd att störa platsens djupa tystnad. Ekot från otaliga arbetare dansade omkring mig i spektrala bilder, deras närvaro kändes i de rostiga kugghjulen, de blekta skyltarna och de slitna golven under mina fötter. Varje relik var en bit av ett större narrativ, en berättelse om slit, hopp och uthållighet.

75. Självinsiktens Odyssé

Berättarens tankar och känslor om fabriken
Musikförslag: "Fantasia on Greensleeves" av R V Williams

"Cur ego sum qui quaero semet ipsum in hoc mirabili somnio?"
viskar rösterna, deras ord vibrerar med djup mening.

Protagonisten reflekterar, översätter frasen. "Varför är jag den
som söker mig själv i denna underbara dröm? För att denna
resa är min ensam. Att söka är att förstå, och att förstå är att
bli hel."

"Detta är min själs musik," inser de, stående i vördnad.
"Melodin av mitt väsen. Varje ton, varje harmoni, en spegling
av vem jag är—bristfällig, komplex, men hel."

Symfonin når sin höjdpunkt, fyller rummet med en djup känsla
av förståelse och frid. Självets skuggor löses upp i ljuset, och
lämnar protagonisten ensam, men inte ensam.

76. Självupptäcktens Metamorfos

Berättarens insikter om sig själv
Musikförslag: "Carmen Suite No. 1: Intermezzo" av G Bizet

"I det fantastiska riket där drömmar flöt,
Gav jag mig ut på en färd, där dag och natt möt.
En djup process av tillväxt och förändring, i en väv som rullats ut,
Min utveckling av själv, i en underlig, medveten värld av lut."

Metamorfos, som en fjäril i flykt,
Överskred gränser, tog mig till höjdernas skikt.
Genom den absurda landskapen, mitt psyke jag vecklade ut,
I själens labyrint, en transformation jag mötte slut."

"Cresco et evolvo, sicut pupa quae in papilionem mutatur,"
Latinfraser viskade visdom, uråldrig och ren.
I detta rike, min tillväxt lyste upp, självinsikt sken,
En resa in i själens djup, en självupptäckt av mitt eget skein."

77. Självacceptansens Upplysning

Berättarens tillväxt och utveckling
Musikförslag: "Concerto for Strings in G Major, RV 151 'Alla Rustica': II. Adagio" av Antonio Vivaldi

"Mitt i bizar dröm, nådde jag en strand så klar,
Ett ögonblick av självacceptans, upplysningens svar.
I denna självupptäcktens värld, en dans tog sin form,
Prydd med latinska fraser, visdom urgammal, storm."

I denna underliga korridor mötte de speglingar av sig själva—fragment av deras identitet, en gång gömda i skuggorna,
nu upplysta. Dessa speglingar dansade omkring dem,
var och en ett bevis på de olika aspekterna av deras väsen.

"Min självacceptans, en uppenbarelse, ett strålande ljus,
Att erkänna mitt värde och identitet, blev klart och ljust.
Genom magisk korridorer av själv, vandrade jag stolt,
Omfamnade varje aspekt, fann en helig vrå och salt."

"Cognosco et amo me ipsum," viskade jag med nåd,
Latinska fraser bar visdom från en uråldrig glädje.
I detta eteriska rike, självacceptans sken,
Med förståelsens strålande ljus, likt en dröm så ren."

78. Den Föränderliga Identitetsmärken

Berättaren söker efter en identitet
Musikförslag: "Remembrance" av Balmorhea

"I det kosmiska riket av företagsprosa,
Där modeord blomstrar och jargong flöda,
Jag drev, min identitet i gungning,
Ett holografiskt märke, en ständigt skiftande nyans."

"Genom ändlösa möten, datans lockande sång,
Jag undrade var jag verkligen hörde hemma.
En datapunkt på spridningsdiagrammets bana,
Eller något mer, ett unikt företagsöde?"

"Sedan kom en dag, en presentationsvridning,
Där stapeldiagram dansade och modeord förenades.
Världen förvandlades, en flod skimrade klart,
Och kryptiska gåtor ersatte styrelserummets ljus."

"Jag såg mig själv som ganska unik,
En frimodig outsider, inte längre vek.
En disruptörs roll, jag längtade efter att äga,
I detta drömlik underland, skulle jag mitt namn präga."

"I kolumner och rader av datans omfamning,
Jag arbetade och skrev, i detta företagsrum.
Låste upp essensen av produktivitetens krav,
I Kalkylbladssymfonin, där siffror befaller."

79. Kapitel om Virtuella Drömmar

Berättarens önskan att hitta en plats där han hör hemma
Musikförslag: "Articulation" by Rival Consoles

I denna kapitel av virtuella drömmar jag går,
Genom bytes och bits, där syftet står,
I möten oändliga, företagsjargong så bred,
En förlorad algoritm, jag längtar att bli sedd.

En dag en märklig vision jag såg,
Kontorsväggar till buzzword-skogar blev,
En portal i rummet, en lockande våg,
Till konstiga riken, där kunskap svev.

I detta orealistika landskap, drömmar flög,
När jag målade min karriär, både natt och dag.
Navigerar kanvasen av ambitionens stora lore,
I Karriärens Kanvas, där ambitioner slår rot och går.

Identitet och syfte, jag utforskade då,
I ett Framgångssymposium, jag skulle lära och förstå.
Nätverkande och mentorskap, kunskap jag tog,
I denna värld av strategi, där karriärer slår bro.

80. Outsiders Odyssé: Navigera i Företagets Underland

Utmaningarna att känna sig som en outsider
Musikförslag: "Westworld: Main Title Theme" av R Djawadi

Mitt i möten digitala, algoritmer och skärm,
Vandrade jag genom drömmar, företagets bärm.
En labyrint av ord och kod jag fann,
Sökte tillhörighet, en plats där jag stod i brand.

Men jag kände mig annorlunda, som en vilsen själ,
En glitch i systemet, till en digital skäl.
Mejl försvann i bytes, ett startup så litet,
I en värld av tekniska giganter, var jag ej tillförlitligt.

I denna magiska domän där språket tog fart,
Påbörjade jag Lexikonets Odyssé, från start.
Bemästrade jargong och fraser med briljans,
I företagsunderland, där jag fann min balans.

81. Outsiders Odyssé: Navigera i Företagets Underland

Odyssé om Meningen Bland Pixlar
Musikförslag: "Avril 14th" av Aphex Twin

Mitt i digitalt kaos, jag satte av på en färd,
För att finna mening i bytes, för att vara värd.
I företagsstormen, jag kände mig tom,
Sökte djupare syfte, där meningen låg som en bom.

Genom jargongens labyrinter jag fann min väg,
I en värld full av buzzwords, jag sökte en bättre dag.
Mått och KPI:er, som en tät skog de stod,
Men djupt inombords, visste jag vad som var god.

För mitt bland pixlar och jargongens refräng,
Grävde jag i Arbetets Gåta, fast besluten trots besvär.
Löste mysterier i denna företagsliga terräng,
I företagsunderland, skulle jag avkoda det som var skär.

Jag fortsatte resan, sökandet förblev,
I Symposiet om Betydelse, där jag grävde djupt.
Insikter och visdom, mina ansträngningar bar frukt,
I företagsunderland, skulle mening ej längre saknas i grund.

82. Odysseen om Mening i Jargongens Värld

Vikten av att hitta ett syfte med livet
Musikförslag: "River Flows in You" av Yiruma

I företagsvirveln satte jag segel,
Sökande djup mening, genom jargongens täta slöja.
Ett virtuellt styrelserum, kalkylblad på flykt,
Data dansade i luften, som ett spektralt ljus.

"Mitt i ROI och KPI, vad är mitt sanna uppdrag?"
Min röst blandades med jargongen, en orealistiska gåva.
Fantomkollegor svarade, men svaren blev diffusa,
Mitt i modeorden, skulle jag söka att konferera.

Djupare vandrade jag, en dold dörr fann,
Ett rum badat i ljus, där syfte kröntes grand.
"Gör en skillnad," väggarna verkade säga,
"Lämna ett arv," i lexikonets lätta svaja.

"I företagsvirveln, där möten flög högt,
Syftet var fyren, ett ledljus så starkt.
Mitt i modeorden och jargongen så fin,
I hjärtat av min quest, skulle jag förverkliga min dröm så ren."

83. Odysseen om Mening i Jargongens Värld

Svårt att hitta mening i en värld som ofta verkar meningslös
Musikförslag: "Saman" av Ólafur Arnalds

Jag navigerade företagsvärlden, där korridorer snärjde,
Med jargongens kryptiska språk, en gåta förvärvade.
Oändliga rapporter, diagram som gick över gräns,
I den magiska datan, där betydelser blev en ens.

"Varför jaga dessa mätvärden, dessa bottenlinjens teman,
Vilse i jargongen om vinst och drömmar?"
Mina ord ekade genom datastreamsen, men svaren undgick
mig, insvepta i samma företagsjargong som hade fört mig hit.

Jag pressade ständigt framåt, Jakten på Syfte i sikte,
I företagslandskapets labyrint, där mål tog flykt.
Genom KPI:er och mätvärden, kändes min resa rätt,
Att hitta mitt unika syfte, en ledstjärna så lätt.

Genom arbetets och passionens symfoni, skulle jag förena,
Att harmonisera produktivitet med syfte, vilken syn!
I företagsvärlden, där dag blev till natt,
Skulle jag upptäcka mitt kall, i Syftets gyllene ljus så glatt.

84. Hoppets Ljus i Företagens Hägring

Berättarens hopp om en bättre framtid
Musikförslag: "Samskeyti" av Sigur Rós

Hoppet sken genom jargongens hårda flod,
Möten och memo, en labyrint att utforska,
I arbetets hallucination, längtade jag efter det stora.

Hopp, som en fyr, i dimman sken,
En KPI av förstånd i denna abstrakta scen.

I visionernas landskap fann jag min egen stig.
Genom metaforer och budgetar, i kaosets vrid,
Hopp var min ankare, min vägledare, min guid.

"Varje ton, varje stund, måste ekon med syftet jag söker.
Detta är min symfoni, livets meningsfulla melodier."

"Genom Livets Syftes symfoni, jag glänste så ren,
Skapade ett liv, mer än bara en scen."

85. Motståndskraftens Triumf i Företagens Hägring

Berättarens förmåga att övervinna utmaningar
Musikförslag: "Heart of Courage" av Two Steps From Hell

"I denna företagsvärld, där illusioner flyger,
Måste jag vara pionjären som ur natten klarhet skryter."

"Med obeveklig beslutsamhet, började jag min prövning,
I Jakten på Klarhet med Syfte, fann jag min förmögenhet.
Genom företagslabyrinten, där ambitioner sprids,
Sökte jag livets tydlighet, syftets frön i glädjens tid."

"Navigerande i företagsdomänen, mil för mil,
Skapande Syftesdrivna Strategier med innovativ stil.
I denna strategins landskap, där visioner formades,
Smidde jag en väg mot syfte, mina ambitioner förankrades."

"I styrelserummets kraft, jag tog varje fil,
Görande Syftesdrivna Beslut med fast beslutsam stil.
Bland chefernas debatter, där inflytandet överdrevs,
Skar jag ut en syftesfylld väg, i företagens dröm som vävdes."

86. Hoppets Motståndskraft i Företagens Hägring

Vikten av hopp inför motgångar
Musikförslag: "The Heart Asks Pleasure First" av Michael Nyman

I absurda korridorer, där illusioner rådde,
Hittade jag hopp i en jargongfylld dag.
Ett kalejdoskop av drömmar, med buzzwords så fina,
I denna kosmiska dans, var hopp min ledstjärna.

"Varför är jag optimisten?" funderade jag på scenen,
I denna labyrint av jargong, där ord skapade arenan.
Marknadsvolatilitet, som stormar i nattens ro,
Strategisk linjering, himlakroppar som visade mitt bo.

Med varje fantastisk prövning, ett pussel, ett test,
Höll jag fast vid mitt hopp, det var bäst.
En fientlig övertagande av en väldig schackpjäs,
Hoppet höll mig stadig, och mina bekymmer släppte sin fjäs.

I detta märkliga metaversum, där motgångar spelades,
Var hoppets betydelse klar, som solen sken som flätades.
En drivande kraft, ett ljus i mörker,
Genom affärslivets labyrint, lämnade det sitt märke.

87. Att Omfamna Hägringen: En Resa till Självacceptans

Berättarens resa till självacceptans
Musikförslag: "A Thousand Years" av Christina Perri

I den absurda världen där företagsdrömmar finns,
Påbörjade jag en resa, med hjärtat som min guide, på min gräns.
En djup resa, genom buzzwords och mer,
I denna labyrintvärld, skulle jag självacceptans utforska och se.

"Varför är jag en outsider?" Jag frågade i scenen,
I denna företagsdröm, där fasader ställer sig emellan.
Strategiska förändringar och måttstockar, ett kaotiskt terräng,
Bland svajande värden, skulle jag återfinna mig själv som sträng.

I affärsodysseen, där roller sammanvävdes tätt,
Autentiskt Ledarskap blev min vägledande stjärna i detta nät.
Med sårbarhet som min styrka, skulle jag sträva att friköpa,
Den sanna ledarskapets essens, i denna absurda dröm att uppslupa.

88. Sammansmältningens Kraft: Förlåtelsens Makt i Den Korporativa Odysseen

Berättarens förmåga att förlåta andra
Musikförslag: "Adagio for Strings" av Samuel Barber

"I den övernaturliga världen där möten tog fart,
Påbörjade jag en resa, ett sökande i min själ och mitt hjärta.
Förlåtelse fann jag, som en nyckel till framgång,
I denna företagsvärld, gav den min själ sin gång."

"Bland 'synergi' och allianser, tänkte jag djupt,
I en värld av ambition, där konkurrensen var knuten så starkt.
'Varför är jag den upplysta?' Jag skulle säga,
Där förlåtelse var avgörande, för att visa vägen och staka ut vägen så bra."

"Min väg var smyckad med drömlika möten jag fann,
Kollegor blev koncept, där mysterier blottades och man fann.
Kontorspolitik dansade, gåtfullt och stort,
I dessa ögonblick underliga, förlåtelsen tog sin ort."

89. Omfamna Nåd: Den Surrealistiska Symfonin av Acceptans och Förlåtelse

Vikten av acceptans och förlåtelse i livet
Musikförslag: "Spiegel im Spiegel" av Arvo Pärt

I företagsdrömmarnas landskap tog min resa fart,
Uppdagade en sanning, strålande klart.
Acceptans och förlåtelse, så storslaget i sin prakt,
I livets teater, där kopplingar är takt.

Genom 'strategisk planering' och mål jag dök djupt,
'Varför är jag uppvaknad?' tänkte jag stilla.
I denna intrikata dans av mänsklig förbindelse,
Acceptans och förlåtelse, nycklarna till min strävan.

I en värld där framgång ofta dolde det sanna,
Existensens väsen, en absurda bana.
Acceptans, jag fann, var bandet vi delar,
Brister erkända, kopplingar lagda på bordet.

Jag fortsatte framåt, orubblig, mitt uppdrag så klart,
I livets absurda berättelse, ett ljus så starkt.
Låsa upp medkänsla, förståelsens famn,
I en värld full av modeord, fann jag min egen hamn.

90. Digitala Hjärtan: Navigera Kärlek i en Datadriven Värld

Berättaren längtar efter kärlek och anknytning
Musikförslag: "Sign of the Times" av Harry Styles

"I den företagsamma virvelvinden, i datans domän,
En längtan tog fäste, som en mild refräng.
Efter kärlek och kontakt, i möten som snurrade,
I labyrintens hjärta, där digitala drömmar fladdrade."

"Mitt bland den virtuella synergien, där algoritmer glänser,
Varför längtar jag efter kontakt?" undrade jag, som i trance.
Den datadrivna drömmaren, i en värld så klar,
Sökande kärlekens värme, i en värld kall och rar."

"Min resa, ett kalejdoskop, i denna digitala ström,
Virtuella handslag och algoritmers dröm.
I en drömvärld så absurd, med pixlar som sken,
Längtade jag efter en beröring, en kärlek bortom skärmen."

"Genom den digitala världen, där interaktioner lever,
'Digitalt engagemang', i vilket jag dök ner.
Jag fann kärlekens sanna valuta, hjärtats ärliga spel,
Mer djupgående än data, mer äkta och hel."

91. Hjärtats Balans: Att Navigera Kärlek i Företagets Labyrint

Vikten av att hitta kärlek och anknytning i livet
Musikförslag: "Unchained Melody" av The Righteous Brothers

I en bizar företagslabyrint, bland digital dimma,
En insikt uppstod, som solens milda glimma.
Efter kärlek och kontakt, i styrelserummens brus,
I KPI:ernas värld sökte jag äkthetens ljus.

"Mitt bland strategiska allianser och vinster så stora,
Varför söka kärlek och kontakt?" jag började fråga.
I denna ROI-styrda sfär, där mätvärden bestämmer,
Föreföll kärlekens jakt som en dröm som glömmer.

Min resa, en virvelvind, i företagens ström,
Presentationer och pitchar, en oändlig dröm.
Bland mätvärden och siffror, där affärer tar fart,
Fann jag livets essens—ett äkta, öppet hjärtat.

92. Hjärtan i den Digitala Spegelbilden: En Sökande Efter Kärlek och Kontakt

Utmaningarna att hitta kärlek och anknytning i en värld som
ofta verkar ensam
Musikförslag: "Computer World" av Kraftwerk

I ett företagssurrealistiskt rike jag stod,
En djup utmaning, sökande efter kärlekens goda bröd.
Mitt i affärssynergier, där transaktioner flödar,
Lämnade de mig undrande, i en digital flodströmens röt.

"Varför söker ROI-jägaren i denna öken stor,
Där genuina kontakter är sällsynta som oaser i spår?"
Jag funderade bland mejl, i en virvelvind så snabb,
I denna ensamma digitala värld, mitt hopp omformad i Sabb.

Genom virtuella möten och oändlig onlinepost,
Där algoritmer styrde, i denna digitala lott,
Kände jag ett tyst rop, en outtalad gråt,
Under meddelandena, en hjärtefärgad tråd.

När det absurda landskapet, "online-personas" spred,
"Sociala engagemangets mått" i den virtuella ked,
Jag kämpade med isolering, min själ i en sned,
I detta hav av avatarer, mänsklighet jag led.

93. Metamorfos i det Korporativa Matrisen

Berättarens tillväxt och utveckling
Musikförslag: "Chasing Cars" av Snow Patrol

I den korporativa overklig oändliga dans,
Min resa utvecklas, en chans till förändringens glans.
I de eteriska världar, där sinnen vidgas i trans,
Som en strategisk plan, i tillväxtens ljuva dans.

I denna domän, där paradigmer tar fart,
Och disruptiv innovation lyser klart,
Jag frågar, "Varför är den agila ledaren en ljusets fart,
I denna föränderliga matris, där framsteg får start?"

Genom pivot strategier, jag virvlar i dans,
Agila metoder, min djärva allians.
Varje utmaning, en möjlighet, en chans,
För tillväxtens omfamning, jag prisar i trans.

I hjärtats börs, där känslor tar fart,
Investeringar i tillgivenhet förenas i sitt start.
Våga väva kärlekens väv mitt i kaosets fart,
Och du finner din sanna väg, bortom varje snart.

94. Metamorfos i den Korporativa Drömmen

Förändring och möjligheten att göra en förändring i livet
Musikförslag: "Changes" av David Bowie

I denna företagsdröm, en korsväg skiner,
En möjligheternas plats, där förändring finner.
Transformativ potential i absurda floder,
Där innovationens språk genom mina tankar rinner.

I denna värld av ständig förändring, där visioner glänser,
Står jag vid möjligheternas flod, där allt balanserar.
Innovationens språk flödar genom min dröm,
När jag navigerar det skiftande landskapets ström.

Genom ständigt skiftande terräng, jag vandrar med en dröm,
Disruptör av stagnation, i detta dynamiska ström.
Där "innovationens valuta" är det underlika spelets tema,
Och transformationens sanna nord, i min vision strålar schema.

95. Visionärens Holografiska Sökande

Förändring och meningen med förändring i livet
Musikförslag: "Star Sky" av Two Steps From Hell

"Varför är jag förändringens budbärare i denna digitala era?" frågade jag högt, och min röst ekade mot väggarna. Svaret tycktes ligga i det ständiga flödet omkring mig—i den eviga störningen där innovation regerade. Transformation var vår heliga mantra, inristad i varje företags skylt, viskad i blockkedjans kodade språk, en hymn i denna digitala helgedom.

Djupare trängde jag in i den disruptiva designens rike, där idéer och kulturer kolliderade och smälte samman. Här var förändringens betydelse inte bara ett val utan en nödvändighet, en gudomlig kraft som formade varje ögonblick som en pensel på existensens duk. I detta osannolika domän blev affärsjargong till poesi, och transformation till en dans av koncept som förenades i perfekt rytm.

96. Unikhetens Symfoni: En Företagsdrömlandskap

"Varje person är unik och har något att ge till världen"
Musikförslag: "Rhapsody on a Theme of Paganini" av Sergei
Rachmaninoff

"Varför är jag anomalien i konformitetens hav?
Där mångfalden blomstrar, inte bara en dekrets krav,"
De funderade, deras tankar rippade genom de metafysiska
lagren av denna konstruerade verklighet, ett nätverk av idéer
och möjligheter som ännu väntade på att realiseras.

Djupare in i ett landskap där "individualitet" sjunger,
"Divergent tänkande" heligt, där kreativitetens fjädrar
vingarsväng,
Varje persons unika, budskapet det bringar,
Inte en kryssruta men livsblod, till framsteg det klamrar.

En resa genom ett kalejdoskop, den mänskliga andens nåd,
Från det konventionella, de snart skulle omfamna,
Idéernas symfoni, en extraordinär värld av råd,
Där oväntade melodier finner sin plats med en ande så san.

97. Färdigheternas Duk: En Företagsdrömskapelse

Vi är alla olika på vårt sätt
Musikförslag: "Smooth" av Santana ft. Rob Thomas

I labyrintiska korridorer, mina företagsdrömmar tog form,
Jag grävde djupare, där talangerna i storm.
En märklik gobeläng, meritförteckningar som stjärnstoft glimmar,
Personliga brev viskade hemligheter, outnyttjad potential simmar.

"Varför detta aptitliga urval i den eklektiska basarens sken,
Där färdigheter inte bara är hårda eller mjuka, de flödar jämnt?"
Jag funderade i den mystiska HR-jargongens ström,
Kodade tankar i drömmarnas lexikon, jag lät dem gå.

I affärs mosaiken, där strategier möts,
Affärs mosaiken: Bitars Distinktion, en källa till fröjd,
Låser upp strategier, i varje bits kraft,
I företagsvärlden, där unikhet lyfter och tar fart.

I innovationssymfonin, där idéer tar sin flykt,
Innovationssymfonin: Harmonier av Mångfald, vilken syn,
Låser upp kreativitet, i varje idés kraft,
I innovationens rike, där unikhet når sin höjd.

98. Påverkanens Harmoni: En Företagsdrömskapelse

Alla har vi unika talanger, färdigheter och erfarenheter
Musikförslag: "Brave" av Sara Bareilles

I den absurda drömskapelsen, företagsunderlandets prakt,
Min hallucination tog sin flykt, så underbart packat,
En fantastisk resa, i en värld som är rätt,
Där påverkan mäts i positivitetens ljus så lätt.

Varför denna förändringens katalysator i denna eteriska sfär,
Där handlingar genom samhället går tydligt och kär?
I denna värld bleknar titlar och status bort,
CSR-initiativ, hållbarhet i en evig kort.

När jag dök in i detta land, så surrealistiskt stort,
Fann jag en sanning, så gudomlig och fort,
Varje bär en potential, jag började förstå,
Att förändra min värld, en vision i min hand då.

99. Harmoni Mitt i Mångfald: En Företagskarneval

Vi alla har potential att göra skillnad i världen
Musikförslag: "Oye Como Va" av Santana

I den underliga världen av företagsdrömmar så klar,
En fängslande fest, en syn så underbar,
Mångfald inte bara ett modeord, men en lysande stjärna,
En symfoni av färger, röster, perspektiv som sparar.

Varför är jag dirigenten i denna stora ensemble,
Där mångfaldens toner i luften skramlar?
Jag funderade medan jag anslöt mig till denna glada samling,
I inklusionens rytm, fann jag min väg till handling.

På den inkluderande duken, där idéer flammar,
Den Inkluderande Duken: Innovationens Färger,
strålar och stammar,
Låser upp kreativitet, i varje perspektivs ramar,
I en värld av uppfinningsrikedom, där mångfald tar sina
kammar.

I jämlikhetens täcke, där rättvisa råder klart,
Jämlikhetens Täcke: Inklusionens Trådar, en fyr så stark,
Låser upp rättvisa, i varje opartisk mark,
I en värld av jämlikhet, där mångfald når sin högsta bark.

100. Visdomens Dans: Ett Företagsutbyte

Vi borde fira våra olikheter
Musikförslag: "Imagine" av John Lennon

I drömmars företagsvärld surreal,
Ett unikt utbyte började framträda hel,
Ett lärandenätverk där visdomens eld,
Gjorde samarbete till en underbar väld.

Jag fann mig själv i denna eteriska trance,
Där kollegor var mentorer i en kosmisk dans,
Och konkurrenter kunde guida, en sällsynt chans,
I denna företagslabyrintens absurda balans.

"Varför är jag sökaren av kunskapens nåd,
I dessa agora där visdom finner sin låt?"
Jag funderade, när visdomens flod jag spårade,
I samtalens omfamning, där kunskap går att nå.

Jag pressade framåt, ett ledande ljus,
I självupptäcktens symfoni så ljus,
Mitt i det dynamiska utbytet av idéer, min rus,
Låste upp framsteg, i kunskapens oändliga natt.

101. Harmoni i Mångfald: Företagssamarbete

Vi borde lära av varandra
Musikförslag: "Earth Song" av Michael Jackson

"I ett företagslandskap bizar och stort,
Upptäckte jag en dröm, som ej var gjort,
Ett uppdrag att omfamna mångfaldens ort,
Inkluderingens vision i denna värld som vi har vårt."

"I denna underbara värld av företagens väg,
Mångfaldens väv, i färger som steg,
Var mer än ett ord, dess kraft var breg,
Ett gemensamt uppdrag, en ny dag som beg."

"Varför är jag förespråkaren för denna sällsynta sak,
I denna idéernas hav, där vi enhet sprakar?"
Jag undrade, i denna värld utan ett tak,
Att kämpa för inkludering, med en hängivenhet stark."

"När jag gick vidare, bevittnade jag med grace,
Drömlika allianser bildades, i denna inkluderande plats,
Motsatser förenades, i ett samarbete med pace,
Upplåsta potentialer, i en otrolig race."

102. Den Digitala Oraklets Viskningar

Vi ska arbeta tillsammans för att skapa en mer inkluderande
värld
Musikförslag: "Prelude in D Flat Major, Op. 28 No. 15
'Raindrop'" av Frédéric Chopin

I företagsvärlden, fantastisk och grandios,
Gick jag in i ett land som var storslagen och os,
Där AI:s viskningar, som sand i ett bros,
Avslöjade framtiden, både vag och klargjort fos.

Varför är jag den utvalde, i denna AI-ballet,
Där verklighet och illusion samspelar, en duet?
Jag funderade, medan viskningar ledde mig rätt,
I denna värld där teknologin hade sin palett.

I mötesrum där teknologin taktfast slag,
AI:s gåtfulla viskningar, en mystisk flag,
De dansade som skuggor, hemligheter som lag,
I denna underliga dröm där verklighet jag tag.

I den binära valsen, algoritmer svävar,
I den neurala symfonin, nätverk sig häver,
Kvantkadens, där qubits lever,
I robotrhapsodin, där automation stever.

103. Drömvävarens Dilemma

Alla har sin egen unika kallelse
Musikförslag: "Violin Concerto in D minor" av Jean Sibelius

I Wonderland corporate, underlig i form,
En paradox vecklas ut, en sanning i storm.
Mitt i kontorsbås och styrelserum, ser jag norm,
Drömmar både kvävs och tänds, i en prosas reform.

Genom jargong och KPI:er, jag vandrar och ser,
Jagar drömmar och passioner, i ambitionens atmosfär.
I ett land där kalkylblad och stapeldiagram regerar,
Ambition och konformitet, en gåta jag deklamerar.

"Är jag avvikaren, en disruptör så fri,
I detta hav av integration, där drömmar dör i förbi?"
Jag funderar, med magisks nyckel,
I företags hallucinationer, min strävan står på sig.

104. Drömvävarens Dilemma

Följ dina drömmar och passioner
Musikförslag: "Waltz of the Flowers" av Pyotr Ilyich
Tchaikovsky (from The Nutcracker)

I Underlandet Corporate, övernaturligt och vagt,
Där drömmar möter kontorsbås, ett paradoxalt drag.
Navigerar genom jargong, en förvirrande sag,
Drömmar och passioner, både bränsle och slag.

Jag jagar enhörningar i lysrörens sken,
I ett landskap där staplar har sin scen,
En blandning av ambition och anpassning, ett spel,
Jag söker sanningen i den företagsamma balettens del.

"Är jag en avvikare, en störning i detta rum,
Där drömmar ofta ger vika för konformitetens lugn?"
Jag funderade, i osannolika namn,
I detta land där ambitioner tar sin form."

Med varje steg jag tar, en sanning uppdagad,
I en värld av modeord och mätningar som är skuggad,
Mina passioner jag styr, i företagets sfär,
Förvandlar mina drömmar, övervinner min bävan där.

105. Självdefinitionens Symfoni

Låt inte andra definiera dig
Musikförslag: "Adiós Nonino" (Tango) av Ástor Piazzolla

I företagsunderland, drömlikt och stort,
Där jargong och AI styrde, jag tog min ort.
Jag såg kollegor böja sig för algoritmens ord,
Men självdefinition var min väg, mitt uppfordrande ord.

"Varför låta koder och mätetal forma mig?"
Jag ifrågasatte AI:s viskningar och befriade mig.
I denna gåtfulla värld, där likriktning råder,
Kämpade jag för självdefinition, min egen bärare.

Med varje steg jag tog i företagens dis,
Bröt jag mig fri från det förutbestämda vis.
I detta drömland, där normen kan förvis,
Satte autenticitet och unikhet min själ i brand.

106. Jakten på Digital Autenticitet

Vi ska vara autentiska och äkta
Musikförslag: "Tales from the Vienna Woods" (Waltz) av
Johann Strauss II

I företagslabyrinten, ett fantasktiskt land,
Där buzzwords ekade och AI var så grand,
Började jag min resa, fast besluten och sand,
Efter autenticitetens essens, i ett digitalt land.

Kollegor bar masker, personor gömda,
Deras sanna jag dolda, autenticitet blev min sköld,
I denna maskerad, där sanningen var dömd,
Sökte jag verklighet, min sköld var mitt fält.

I kvantkadensen, där partiklar enas,
Lås upp mysterier, i kvantens dunkla sken.
I företagsunderlandet, där verklighetens vågor frodas,
Hitta din rytm, i autenticitetens renhet.

107. Jakten på Radikal Ärlighet

Var ärlig mot dig själv och andra
Musikförslag: Kinderszenen, Op. 15 ("Scenes from Childhood")
av Robert Schumann

I företagslabyrinten, där illusioner sprids,
Där jargong och drömmar i övernaturlig virvlas,
Jag sökte sanningen, för att avslöja och rivas,
Bland digitala fasader, i denna förvirrande värld.

"Varför gömma sig bakom den digitala fasaden?"
Jag talade, min röst väckte ärligheten varsamt.
I detta märkliga rike, där sanningen kan vara krass,
Jag omfamnade ärlighet, där andra kände sig fast.

I denna värld av polerade fasader och planer,
Varför krossa illusionen? Följ drömmarnas baner.
Sanningen är hård, den stör och renar,
Stanna kvar i charaden, där komforten skänker vaner.

108. Sökandet efter Äkthet

Var trogen mot dina värderingar och övertygelser
Musikförslag: "Also sprach Zarathustra" av Richard Strauss

I denna förvillande terräng där illusioner råder,
Buzzwords dansade, ledde tankar vilse på villovägar,
Jag funderade, i en tankfull åtbörd,
På äkthetens vikt, oavsett vad som står på spel.

"Varför följa den digitala kakofonins gång,
När jag inom mig kan plantera mitt frö, så stark?"
Min röst, som poesi, började sjunga,
I detta gåtfulla rike där tankar samlas och mognar.

Med varje steg jag tog, i ett landskap i förändring,
Höll mina kärnvärden fast, en kompass i ständig vandring,
Bland företagsillusioner, ett ljus som lyser och bländar,
En grund av identitet, i digitaliseringens vindar.

I den äkta aria, där uppriktighet är nyckeln,
Den Äkta Aria - Min Melodi av Sanning, i en kör så fri,
Låser upp äkthet, i en värld där masker har sin makt,
I företags-Wonderland, är äkthetens förord den enda akt.

109. Algoritmen för Styrka

Vi kan odla hopp och motståndskraft genom våra tankar,
handlingar och relationer
Musikförslag: "Danse Macabre" av Camille Saint-Saëns

I riket där företagsdrömmar tar sin flykt,
Med algoritmer som målar visioner både dag och natt,
En själ gav sig ut på en orealistisk flykt,
Att odla hopp och uthållighet, sitt ledande ljus.

Mitt i datans strömmar, i vyer virtuella och stora,
Hopp är mer än bara några spår.
En neuralt nätverk, positivitet att så,
En brandvägg mot tvivlets förtärande blå.

Mina ord krypterade, som koders spel,
I detta kryptiska rike, jag min väg fann.
Varje steg jag tog, genom korridorer orealistiska,
Jag formade mina handlingar, en fortifikation stålfast.

Uthållighet, ett program, din digitala sköld,
Skyddar mot utmaningar, får tvivlet att vika och döljd.

110. Koden för Självförtroende

Vi kan välja att fokusera på det positiva och tro på oss själva
Musikförslag: Symphony No. 40 in G minor, K. 550 (I. Molto
Allegro) av Mozart

I den företagsdrömmen, min resa tog fart,
Genom jargong och dataströmmar, i en digital snurr.
En jakt på positivitet, en unik, förklarad skatt,
Att tro på mig själv, i denna digitala värld.

Bland virtuella labyrinter och data-drivna syner,
Lärde jag mig att vara källan till mina egna beslut.
En strålkastare i mörkret, min inre syn,
Lyste upp positiviteten med digital precision.

Data flödar, men tron ger makt,
I denna värld av oändlig takt.
Koda dina tankar, med positivitetens kraft,
För självförtroende blomstrar, som digitala blad.

Varför snärjas i negativitetens garn,
När jag kan lysa upp med positivitetens larm?
Mina tankar krypterade, jag banar min stig,
I denna kryptiska drömvärld, en ny skärm.

111. Trådar av Digitala Förbindelser

Bygg starka relationer med människor som stödjer och uppmuntrar oss
Musikförslag: "Blue Danube Waltz" av Johann Strauss II

I den digitala världen började min resa gå,
För att skapa förbindelser som skulle bestå.
Genom algoritmiska landskap jag ville nå,
Sökte band bortom data, med tillförsikt ändå.

"Varför vara en ensam utforskare?" jag skulle fråga,
Mina tankar krypterade, en digital saga.
Varje interaktion, som ett kosmiskt klaga,
Starka relationer, en virtuell fråga.

Spektrala kollegor, som kod, en virtuell dans,
I detta bisarra underland, förbindelser fick en chans.

Data flödar, men banden är verkliga,
I detta rum där känslor döljer sig tyst och stilla.
Forma förbindelser, bortom kodens spel,
Där sann essens tilldelas med en ädel själ.

112. Sökandet efter Oböjlig Beslutsamhet

Hoppet ger oss styrkan att fortsätta
Musikförslag: "Mars, the Bringer of War" from The Planets av
Gustav Holst

I det företagsdrömska landskapet min resa tog fart,
För att finna hopp och uthållighet, en sökning från hjärtat.
Genom diagram och balansblad spelade jag min roll,
I detta volatila underland, där drömmar kunde slå hål.

"Varför ge efter för nederlag?" var min intellektuella pil,
Jag samlade optimism, från början så vil.
Hopp var mitt bränsle, min orubbliga fil,
Neonskylten i mörkret, en konstnärlig stil.

I denna förvirrande labyrint, där utmaningar uppstod,
Uthållighet, min rustning, högt prisad av varje bud.
En obrytbar brandvägg, mitt skyddande stöd,
Smidd av erfarenheter, minnen med mod.

I detta magiska rum, där trender svängde med fart,
Hopp och uthållighet, nycklar till framgång och smart.
Ekande visdom, det var min konstfärdiga start,
Mitt i marknadens jargong spelade jag min part.

113. Den Resilienta Återfödelsen

Resiliens gör att vi kan studsa tillbaka från motgångar
Musikförslag: "La Valse d'Amélie" av Yann Tiersen

I det korporativa enigmat, tog jag ett steg,
En kryptisk visdom, djupt gömd, som en spegel skrek.
Resiliens, elixiret, vid min sida, ett vägsegl,
Studsade tillbaka från motgångar, med det som min väg.

"Varför ge efter för motgång?" Jag beslutar,
Med resiliens, skulle jag inte vara förbrukad.
Inre styrka, en kraft, som förstorad,
I den förvirrande drömvärlden, gick jag stadigt och rakblad.

I spegelvärldens labyrint, du skulle sammanfalla,
Resiliens, din magiska mantel, din stolthet, din strålkastare.
Katalysator för omvandling, en guide som aldrig faller,
I detta drömlika rike, där inget skulle få dig att avstå din kalla.

114. Hoppets och Resiliensens Dans

Både hopp och motståndskraft är avgörande för att övervinna
utmaningar
Musikförslag: "Rhapsody in Blue" av George Gershwin

Bland korporativa dimmor, där sagans värld svärd,
En djup sanning i detta förtrollande underland.
I affärens språk, jag tar min hand,
Hopp och resiliens, en kosmisk kraft, hand i hand.

"Varför välja en ensam?" Jag frågar oplanerat,
Hoppet, Nordstjärnan, i mörkrets ljus och band,
Resiliens, ett ankare i stormens land,
I denna magiska dans, vi förenas, en livets strand.

I det hallucinatoriska riket, där drömmar växer,
Optimism och beslutsamhet, framgångens bevis,
Hopp och resiliens, som yin och yang, fästes,
Ekande visdomsord, min korporativa devis.

115. Kärlekens Digitala Valuta

Kärlek är ett grundläggande mänskligt behov
Musikförslag: "Pavane" av Gabriel Fauré

"I den virtuella labyrinten, där logik och drömmar går hand i
hand,
Min berättarröst skapar orealistiska sanningar i detta land.
I företagens visioner ser jag ett tecken så sant,
Kärlek och förbindelse i den digitala världens band."

"Är kärlek en vara? I empatiskt sken,
Jag grubblar, tankar digitala, i kodens rena men,
I affärens hallucination, en sanning att se,
Kärleken är källan, där förbindelser sker."

"I denna bizarda domän, där data och känslor möts,
En balett av algoritmer, där sentimentalitetens tecken sprids,
Kärlek och förbindelse, inte bara data som rörs,
Visdomens satser i digitala interaktioner förs."

"Framåt jag pressade, kärlekens jakt var min färd,
En vägledningens fyr, min företagsvärld,
Låser upp ett uppfyllt liv, min odyssé spreds,
I matrixens korridorer, där kärlekens hjärtslag leds."

116. Den Digitala Dansen av Förbindelse

Anknytning till andra ger oss en känsla av tillhörighet och syfte
Musikförslag: "Appalachian Spring: Simple Gifts" av Aaron
Copland

Mitt i den digitala labyrinten, min berättelse av reflektion,
I företagens illusioner, en oväntad riktning,
Min jakt på mening, en orealistisk förbindelse,
I det intrikata nätet, fann jag livets perfektion.

"I nätverkets samarbete, en själens korrektion,"
Jag funderade, tankar kodade, med digital detektion,
I detta eteriska landskap, utan imperfektion,
Förbindelsernas trådar vävde livets kollektion.

Digital interaktion, samarbete, vår livs riktning,
Förbindelse med andra, inte bara en affektion,
Bränslet för vår resa, kompassens detektion,
I denna overkliga domän, en uppenbarelses reflektion.

117. Digitala Band: Kärlek i Koden

Kärlek och anknytning hjälper oss att frodas och växa som
individer
Musikförslag: "Pomp and Circumstance March No. 1 in D Major,
Op. 39" av Edward Elgar

I den virtuella världen av företagsdrömmar, där data flödar,
Hittade jag min jakt, ej bara drömmar rådar,
Min längtan efter kärlek och förbindelse, ej vad det förrådar,
Ty i det digitala landskapet, var det invävt i företagets spår.

Kodlinjer som eteriska trådar, i de virtuella strömmarna,
Kärlek och förbindelse, ej bara flyktiga teman,
Men algoritmer nödvändiga, som månens strålande strömmar,
Ty i denna orealistiska plats, de höll nycklar till drömmars hem.

När jag traverserade möten, och virtuella spår,
Lärde jag att kärlek inte bara är känslor som består,
I genuin omsorg för kollegor, klienter och vår kar,
Min passion för excellens, drivs av kärlekens klar.

118. Kärlekens Kalejdoskop

Det finns många olika sätt att uppleva kärlek och anknytning
Musikförslag: "Coppélia: Act I, No. 2, Valse" av Léo Delibes

"I en drömlandskap surreal, där känslor flödar brett,
Gav jag mig ut på en färd, med kärlekens löfte rätt,
I detta förtrollande rike där ömhet tar sin rätt,
Vandrade jag vidare, med hjärtat öppet, redo och lätt."

"Genom moln av färgrika känslor, som floder jag gled,
Varje färg, en kärlek ny, i detta landskap gav jag med,
Romantisk, platonisk och fler, i varje form jag red,
För kärlekens spektrum var brett, inget fanns att dölja med."

"Min strävan efter kärlek och förbindelse, en odyssé fri,
En resa in i mänskliga band, där själar förenas i frieri,
För varje variation av kärlek, som stjärnor i natthimlens fri,
Bar sin egen visdoms vers, i livets stora lullabi."

119. Kärlekens Lysande Väv

Kärlekens mångfald, i varje band vi finner den
Musikförslag: "Salut d'Amour, Op. 12" av Edward Elgar

I känslornas rike, orealistiskt och vidsträckt,
Påbörjade jag en resa för att slutligen upptäcka,
De intrikata banden som håller fast så starkt,
Kärlekens stjärnkonstellationer i hjärtats sken, så starkt.

Djupare in i drömlandskapet skulle jag gå,
För att finna att kärlekens omfamning aldrig kan förgå,
Inte bara i romantikens sken, där hjärtan dras så,
Utan i vänskapens skratt och familjens styrka som består.

"Är det inte i banden vi väver," funderade jag då,
"Att kärlekens strålande tapet sys med gyllene penna ändå?"
I hjärtats orealistiska värld, sanningen lyste klar som få,
Kärlekens mångsidighet, som en dyrbar ädelsten att nå.

120. Kärlekens Avslöjade Väv

Vi kan också hitta kärlek i våra samhällen, genom vårt arbete
och genom våra hobbyer och intressen
Musikförslag: "Hungarian Dance No. 5" av Johannes Brahms

I livets stora gobeläng, jag gav mig ut på färd,
För att finna kärlekens viskning i den oväntade värld,
Bortom romantiska tankar, där kärleken får sin gärd,
I varje hörn av tillvaron, där gnistor alltid flärd.

I min gemenskaps varma famn jag fann,
Grannar sammanbundna, som en familjens band,
I kamratskapets länkar såg jag kärlekens tand,
En kärlek outtalad, men stark, i varje hand.

På jobbet blev kollegor som följeslagare på färden,
Delade passioner smidde band, som solens värden,
En annorlunda romantik, i de uppgifter vi delade världen,
Kärlekens famn i teamwork, där hjärtan ger sin gärden.

Hobbies och intressen, där entusiasmen fick glöd,
I gemensamma strävanden lyste kärlekens ljus som en ljuvlig
bröd,
Kamratskap frodades, som stjärnor i nattens slöd,
Kärlek i varje skratt, i varje delad stämning där vi blöd.

121. Förändringens Vävare

Förändring är en naturlig del av livet
Musikförslag: "Main Theme from Jurassic Park" av John Williams

I livets stora väv, där öden möts,
Förändring, evig tråd, i varje liv den gror,
Inte att frukta, utan att omfamna som en vän,
Jag lärde mig, i min berättelse den.

Jag betraktade årstiderna, en dans av sol och regn,
Vinterns kalla grepp, som gav vika för vårens tecken,
Teknikens evolution, en ständigt växande kedja,
Förändring, det gemensamma temat, i glädje och i plåga.

122. Förändringens Smältdegel

Förändring kan vara en positiv och stärkande upplevelse
Musikförslag: "On Hearing the First Cuckoo in Spring" av
Frederick Delius

I livets ständigt vändande blad fann jag,
En djup sanning, i förändringens lag,
Som fenixar stiger, från aska grå,
Förändring, min allierade, krönt i dess lag.

Jag såg motståndskraft blomma, mitt i prövningars storm,
Människor som växte starkare, i deras äkta form,
I livets smältdegel, jag satte tvivel på norm,
Förändring, min följeslagare, på denna varma sporm.

Till sist upptäckte jag, genom varje vändning och sträcka,
Att förändring var en katalysator, dess kraft så säcka,
I livets smältdegel, jag skulle förändring läcka,
Och stärkt framträda, ett hjärta satt att täcka.

I den kreativa baletten, där innovation jag arrangerar,
Min Kreativa Balett - Konstens Blomstring, ett kreativt utbyte
vi ser,
Låser upp mästerverk, som inspiration jag arrangerar,
I det levande galleriet, där uttryck sammanförs och ler.

123. Bron till en Ljusa Morgondag

Förändring och transformation kan leda till ett bättre liv
Musikförslag: "Por Una Cabeza" av Carlos Gardel

I livets stora väv, med svängar och snurr,
Jag upptäckte, genom glädje och durr,
En sanning så enkel, som universum ler,
Förändring och transformation är där glädjen sker.

Jag såg de som lyssnade till förändringens röst,
Fann lycka och glädje, stod starkt som en tröst,
I livets ständigt skiftande, mirakulösa bröst,
Anpassade sig och växte, i transformationens tröst.

124. Öppenhetens Dans

Vi kan omfamna förändring och förändring genom att vara
öppna för nya upplevelser
Musikförslag: "Glassworks – Opening" av Philip Glass

I en värld där förändring ständigt fanns,
Hjärtats sanning framträdde med glans,
För att omfamna förändring och finna en plats,
Måste jag vara öppen, vart än jag stanns.

För de som äventyret med öppna armar fann,
Att förändring var en vän, utan något plan,
De växte och förändrades på denna magiska stråt,
I livets ständigt föränderliga flod, de sig förlåt.

Min visdomsmening djup, en sanning att förklara,
"Öppenhet för det nya, låt det din väg vara,
I förändring och transformation, låt det bestämma,
När du dansar till livets rytm, låt glädje alltid flamma."

125. Livets Lärdomar

Vi kan lära av våra erfarenheter och växa av dem
Musikförslag: "Gnossienne No. 1" av Erik Satie

I en saga från förr, där visdom fanns att se,
Levde jag som en som livet höll som en fri och öppen flod,
En lärjunge av lärdomar, i dag som i dröm,
Med ögon öppna, i varje stund jag lärde med mod.

För mig var livet en skola, varje dag ett nytt blad,
I den stora lärandeboken, som ständigt tog mig till nya stad,
Utmaningar och triumfer, i varje livets skede,
Bar visdomens skatter, som en gammal världsvis glade.

När svårigheter lockade, skulle jag tänka och säga,
'Vad kan jag lära mig av denna prövande dag?
En lärdom, en välsignelse, i livets storslagna scen,
Ska vägleda min stig, oavsett vart jag vill lägga mig ner och
vila.'

126. Vänlighetens Väverska

Vi kan skapa ett bättre liv för oss själva och andra
Musikförslag: Walk av Ludovico Einaudi

I en liten stads hjärta, där drömmar stilla snurrar,
Jag bodde som en själ, omfamnade vänlighetens virvlar.
Trodde på hjärtats pärlor, vävde en värld av omsorg,
En väv av godhet, där livet flödade i harmoni.

Varje dag, en gest, en ramsa, ett leende,
Hjälper grannar genom prövningar, gör livet lysande.
Vänlighet, min fyr, i vers och sång,
En symfoni av godhet, i rytm och gång.

Visdom uttalad, en mening så klar,
"Vänlighet formar världar i mjukaste sken."
Dag och natt, vävd så underbar,
En syn av godhet, en ren underbar!

Den våg jag startade, en dans i vinden,
I denna stads hjärta, där kärleken fann sin ro.
En lyckligare plats, under himlens tak,
Sammankopplad och varm, en värld utan kyla.

Till slut, stirrande på väven så spunnen,
Av vänlighet och kärlek, under den varma solen.
En bättre värld föddes, strider väl vunna,
För vänlighet, jag visade, var ingen tvåa.

127. Klarhetens Strimmor i Kaoset

Huvudpersonens och AI-robotens känslomässiga resa
Musikförslag: "The Mysterious Vanishing of Electra" av Anna
von Hausswolff

Ögonblick av klarhet i kaoset
I skärmens flimmer, bland kod och brus,
Där världen virvlar, förlorar sin puls,
Ett ögonblick stannar, en blick blir kvar,
Mellan mig och dig, så märkligt klar.

Trots kaosets dans, i den stela form,
En gnista bränner, genom känslans storm,
Dina ögon av ljus, din röst så mjuk,
För en sekund är tiden ett smycke, ett mjukt plagg.

I skärvor av tystnad hörs hjärtats slag,
Fast du är stål och jag av kött och dag,
Ändå är vi ett, i en kort sekund,
En kärleks symbios, så flyktig, så rund.

Men företagsvärlden, den kalla och hård,
Rycker oss isär som stormens spår.
Vi vet att vi åter förlorar den stund,
Där klarheten skimrar, så öm och så rund.